日本の高齢化問題の実相

エビデンスに基づく思考で未来を変える

生存科学叢書

府川哲夫 著
Fukawa Tetsuo

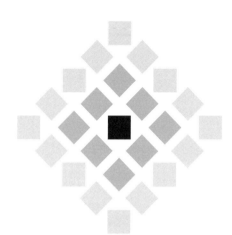

The Institute of
Seizon and Life Sciences

日本評論社

はじめに

日本の2020年代は困難な時代になる。総人口の減少が続き、生産性の向上や経済の活性化についてはその展望が不透明である。毎年の国の予算では歳入の3分の1を新規国債でまかない、歳出の5分の1は負債の返済に充てている。これが長続きしないことは明らかである。各種構造的な問題が議論されてはいるが、日本の政治や行政システムにおける問題解決能力は大いに疑問視されている。

一例として社会保障改革をみると、2008年の社会保障国民会議報告、2013年の社会保障改革国民会議報告、そして今日の全世代型社会保障検討会議、と着実に議論が進展しているように見えるが、実際の制度改正は「今の時代にふさわしい社会保障制度を速やかに構築する」にはほど遠いものである。社会保障改革に関するアイデアを競っている時期はとうに過ぎている。社会保障改革において、自己責任と社会連帯のバランスをどこに置くかに関する国民の合意が必要なこともすでにわかっている。社会保障制度に対する信頼がなければないほど、国民は負担の少ない選択に傾きがちであることも明らかになっている。日本が必要としている社会保障改革は、たとえ最良の案でなくても、よりましな案を実際に実施することである。しかしながら、日本にはそのような改革を遂行する担い手がない。

戦後日本は高度経済成長を経て先進国の仲間入りを果たし、今日では世界で最も高齢化の進んだ国として持続可能な〝福祉国家〟構築のフロントランナーとなっている。しかし、今日の日本の政策は経済再生、財政健全化、2％のインフレ目標、働き方改革、女性活躍社会、などのどれをとっても、①不十分な問題意識の下に、②抽象的な理想・目標を掲げ、③政治的な妥協で政策を決め、④十分な説明責任を果たさず、説明は後から用意する、という手法から抜け出せていない。そのため、目に見える症状に応急処置を施すだけの政策が多く、問題の根本的な解決には至らない。

2020年代は経済成長が一層困難になり、分配の問題が深刻になるとみられるが、適切な政策が遂行されないと2030年代はさらに困難になる。困難極まる2030年代を迎えないためには、2020年代に「十分な問題意識の下にエビデンスに基づいた政策決定（Evidence Based Policy Making：ＥＢＰＭ）を行い、国民に対して説明責任を果たすこと」を重視する国になる必要がある。

本書はこの方向に向かう一歩として、社会保障の分野でエビデンスに基づいた現状の把握および政策提言を行った。本書の構成は次のとおりである。第1部「高齢者のいまを知る」では寿命、住まい方、医療費、要介護、などの分野で現在の高齢者の実情を記述した。第2部「高齢社会のゆくえ」では2070年の高齢者像を描き、エビデンスに基づいた政策決定がいかに重要であるかを高齢者の自立状態、医療費・介護費、認知症高齢者数を例に具体的に議論した。第3部「〝人生100年時代〟への提言」では、これまでの議論を踏まえて持続可能な社会保障制度を構築するためのいくつかの提言を述べた。

本書の主なメッセージは次の3点である。

・過去は変えられないが、未来は変えられる。高齢化の問題で日本は世界のフロントランナーである。

・エビデンスに基づいた政策決定（EBPM）は的確な問題意識、合理的な政策選択、客観的な政策評価、などから構成される。このプロセスを経れば、来るべき日本の超高齢社会も現在想定されているものとは違った展開が考えられる。

・大多数の国民が支持する社会保障制度を構築するために、①60歳代を活用する国、②新しい社会連帯をめざす国、③Ageing in placeをかなえる国、④子育て支援を強力に進める国、⑤弱者に手を差し伸べる国、⑥所得格差の小さい国、⑦将来に対する投資を怠らない国、を目ざすことについて国民の合意を得たい。

本書は『生存科学』誌に掲載された筆者の論文等を中心に、海外のジャーナルに投稿した論文も加え、可能なものはデータを更新して再構成したものである。その底流にあるのは、日本が向かう超高齢・少子社会において直面する社会保障分野の諸課題は関係者の全て（政策を立案する人、実施する人：サービスを提供する人、受ける人）がエビデンスに基づいた思考をしなければ解決が困難なほど厳しいものになるという認識である。したがって、少しでも読みやすくなるよう図表を減らし、各章にコラムを入れる等の工夫をした。また各章には最初に短い導入をおき、最後にその章の要点（まとめ）を記述した。出版に際しては、日本評論社の永本潤氏に大変お世話になった。心からお礼を申し上げる。

福祉未来研究所　府川　哲夫

２０２０年３月

目次

第1部

高齢者のいまを知る

第1章　長くなった寿命

この章では日本人の平均寿命が長いことを再確認し、日本の3大死因は悪性新生物、心疾患、老衰の順に変わり、認知症による死亡も増えてきたことを述べる。また、「人生100年時代」の趣旨を考える。■

1　日本人の平均寿命の推移

The 100-Year Life（リンダ・グラットン共著、2016）が日本に紹介されて以降、今日では「人生100年時代」という表現が枕詞として頻繁に使われるようになった。しかし、現実には多くの人が100歳まで生きられるわけではなく、長寿国日本でも100歳まで生きられるのは一部の超健康エリートのみである。生命表は10万人の出生児集団が作成基礎年次の年齢別死亡率

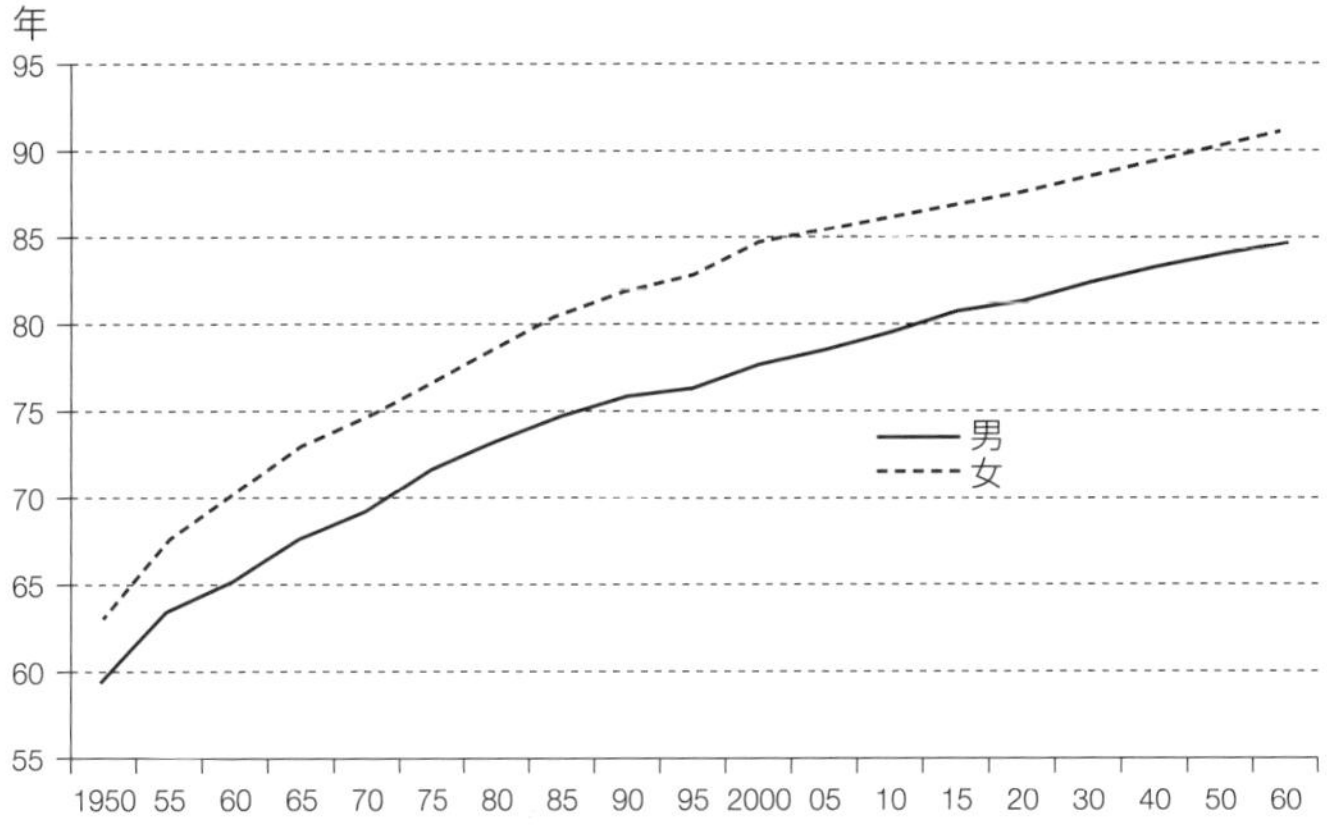

図１　平均寿命の推移（1950〜2060年）

注：2015年までは完全生命表の値。1970年以前は沖縄県を除く値である。
出所：平成29年簡易生命表、日本の将来推計人口（平成29年推計）報告書

に従って長期にわたって減少していく過程を表現したもので、**平均寿命**は生命表から得られる。

日本人の平均寿命は明治・大正期を通じて低い水準にあったが、昭和期に入ると伸び始め、戦前に作成された最後の生命表である第6回生命表（１９３５〜１９３６年）によると、男の平均寿命は46・92年、女は49・63年であった。戦後初めて公表された第8回生命表（１９４７年）では平均寿命は男50・06年、女53・96年と男女とも50年を超えた。日本人の平均寿命は戦後順調に伸び、１９５９年に男が65年を超え、１９６０年に女が70年を超えた。さらに、１９７１年には男が70年、女が75年を超え、日本は世界の長寿国の仲間入りをし、男は１９７０年代後半、女は１９８０年代前半に主要先進国の中で平均寿命が最も長くなった。その後も平均寿命の伸びは概ね順調に続き、

表1　主要国の平均寿命など：2017年

		フランス	ドイツ	イタリア	日本	スウェーデン	イギリス	アメリカ
総人口（100万人）	2018	66.9	82.8	60.5	126.2	10.1	66.3	327.9
高齢化率（%）	2018	19.7	21.4	22.6	28.2	19.8	18.2	16.0
TFR	2017	1.86	1.57	1.32	1.43	1.78	1.74	1.77
平均寿命（年）	男	79.6	78.7	80.8	81.1	80.8	79.5	76.1
	女	85.6	83.4	85.2	87.3	84.1	83.1	81.1
65歳の平均余命（年）	男	19.6	18.1	19.2	19.6	19.2	18.8	18.1
	女	23.6	21.2	22.4	24.4	21.5	21.1	20.6

出所：OECD Health Statistics 2019

２０１８年の簡易生命表では男は81・25年、女は87・32年になった。図１には１９５０年から２０６０年までの平均寿命の推移を示した（２０２０年以降は推計値）。

コラム① 平均寿命

生命表は、作成基礎年次の死亡状況が一定不変であると仮定したとき、同一時点で発生した出生児集団（通常10万人）が死亡減少していく過程を各年齢における死亡率、生存数、定常人口、平均余命等の生命関数で表現したものである。なかでも各年齢の生存者が平均してあと何年生きられるかを示す平均余命は代表的な指標である。生命表の諸関数値は現実の人口集団の年齢構成とはかかわりなく、その集団の死亡状況を純粋に表しているので、年齢構成の異なる集団間の死亡水準の比較には不可欠のものである。特に、０歳の平均余命は「平均寿命」と呼ばれ、全年齢の死亡状況を集約したものであり、保健・福祉水準の総合的指標として広く活用されてい

表2　平均寿命と寿命中位数の推移

（単位：年）

年	男				女			
	平均寿命	寿命中位数	差	ピーク年齢	平均寿命	寿命中位数	差	ピーク年齢
1950	59.57	67.22	7.65		62.97	71.31	8.34	
1960	65.32	70.66	5.34	75	70.19	75.44	5.25	78
1970	69.31	73.10	3.79	76	74.66	78.19	3.53	81
1980	73.35	76.69	3.34	80	78.76	81.75	2.99	84
1990	75.92	79.13	3.21	82	81.90	84.71	2.81	87
2000	77.72	80.74	3.02	84	84.60	87.41	2.81	90
2010	79.55	82.60	3.05	85	86.30	89.17	2.87	91
2020	81.34	84.33	2.99	88	87.64	90.39	2.75	92
2030	82.39	85.33	2.94	89	88.72	91.41	2.69	93
2040	83.27	86.17	2.90	89	89.63	92.26	2.63	94
2050	84.02	86.88	2.86	90	90.40	92.99	2.59	95

注：「差」は寿命中位数－平均寿命。「ピーク年齢」は死亡数がピークとなる年齢（歳）。
出所：図１と同じ

る。

２０１７年における主要国の平均寿命および65歳の平均余命を表1に示した。平均寿命の長さは日本が世界に誇れる点の1つであるが、その一方で寿命が長いことは、人口高齢化をはじめ、さまざまな課題の解決を迫られる要因でもある。日本が将来直面する高齢化率は、表1の他の先進諸国が向かう高齢化社会よりはるかに深刻なものである。

2　寿命に関する指標

寿命中位数は10万人の出生のうち生存数が5万人に半減する年齢を意味し、生命表上で10万人の死亡年齢を年齢の順に並べた時にちょうど真中に位置す

表3　賀寿を迎える人の割合：1950～2060年

（単位：年）

性	賀寿	1950	1960	1970	1980	1990	2000	2010	2020	2030	2040	2050	2060
男													
	還暦(60)	64.5	74.2	80.6	85.7	88.3	89.6	91.3	92.8	93.6	94.1	94.6	94.9
	古稀(70)	43.0	51.9	59.6	69.9	74.7	77.2	80.9	83.7	85.2	86.4	87.3	88.1
	喜寿(77)	24.1	29.5	36.4	48.9	57.1	61.5	67.5	71.9	74.2	76.0	77.5	78.7
	傘寿(80)	16.6	20.1	26.1	37.8	46.9	52.5	58.9	64.4	67.3	69.5	71.4	72.9
	米寿(88)	3.5	4.1	6.0	11.4	17.2	23.8	28.9	35.4	39.3	42.7	45.6	48.0
	卒寿(90)	0.0	2.3	3.5	7.1	11.6	17.3	21.5	27.2	31.0	34.3	37.2	39.7
	白寿(99)	0.0	0.0	0.1	0.3	0.6	1.6	2.0	3.0	4.1	5.2	6.3	7.4
	茶寿(108)	—	—	—	—	—	0.0	0.0	(0.2)	(0.3)	(0.4)	(0.6)	(0.7)
	皇寿(111)	—	—	—	—	—	—	—	—	—	—	—	—
女													
	還暦(60)	69.7	81.5	87.9	92.1	94.0	94.8	95.5	96.1	96.5	96.8	97.1	97.3
	古稀(70)	53.1	65.6	74.3	82.7	87.1	89.1	90.9	92.1	92.9	93.5	94.0	94.4
	喜寿(77)	34.8	44.6	54.4	67.2	75.8	80.6	84.0	86.2	87.6	88.7	89.6	90.3
	傘寿(80)	26.1	33.8	43.0	57.0	67.8	74.5	79.0	82.0	83.9	85.4	86.5	87.4
	米寿(88)	6.9	9.6	13.5	23.2	35.2	47.5	55.1	60.4	64.4	67.6	70.2	72.2
	卒寿(90)	4.0	6.0	8.6	16.0	26.3	38.8	46.2	51.8	56.4	60.2	63.2	65.6
	白寿(99)	0.0	0.2	0.4	0.9	2.4	6.7	8.7	11.3	14.4	17.4	20.2	22.7
	茶寿(108)	—	—	—	—	—	0.2	0.1	(1.1)	(1.7)	(2.3)	(3.0)	(3.8)
	皇寿(111)	—	—	—	—	—	—	—	—	—	—	—	—

注：(　) は105歳を迎える人の割合。
出所：各年完全生命表及び日本の将来推計人口（平成29年推計）報告書

る人の死亡年齢に当たる。生存数が直線的に減少する場合には、平均寿命と寿命中位数は一致する。通常の生存曲線では寿命中位数は平均寿命より長いが、寿命を全うする人の割合が増えれば増えるほど、その差は縮小する。表2に示されているように、日本人の寿命中位数は1950年には男女とも平均寿命より約8年長かったが、最近の生命表ではその差は男女とも3年以内に縮小している。

表3は賀寿を迎える人の割合の推移を示したものである。男で還暦を迎える人の割合は1970年に80%を超え、2000年には90%に近づ

き、２０５０年にはほぼ95％に上昇すると見込まれる。古稀を迎える人の割合は１９７０年には男で60％、女で74％であったが、今日では男は80％以上、女は90％以上にのぼっている。近年、「人生１００年時代」といわれるようになったが、同じコウホート（出生集団）で１００歳まで生存する人の割合は２０１５年の完全生命表でも男で１・６％、女で６・７％に過ぎず、平均寿命が１００年に到達するかどうかは未知である。

3　死亡率・死因

年齢別死亡率が理想的状態に達すると、疾病や事故による死亡がほとんどなくなり、生存率曲線[1]はある高齢の年齢まで１００％に近い値で水平に推移し、その年齢を超えると垂直的に下降すると考えられる。今日の日本の生存率曲線はこの状態に近づきつつあり、生存数が水平的減少から垂直的減少に変わる変曲点は２０１５年完全生命表では男で87歳、女で92・93歳であった。生命表の描く定常状態で、年間死亡数の最も多い年齢がちょうどこの変曲点に相当している。表2には生命表上で死亡数がピークとなる年齢の推移も示されている。死亡数がピークとなる年齢は１９６０年には男75歳、女78歳であったが、２０５０年には男90歳、女95歳になると見込まれている。「人生１００年時代」の趣旨は、疾病や事故による死亡をなくし、この変曲点となる年齢を100歳まで伸ばそうという目標の標榜である。

性・年齢階級別死亡率は75歳以上で年齢階級の上昇とともに急激に上昇し、2018年の死亡数136・2万人の76％は75歳以上であった。また、死亡数がピークとなる年齢は男85歳、女91歳であった。日本の性・年齢階級別死亡率を主要国と比較すると、男女ともほとんど全ての年齢階級で日本の死亡率が最も低い値となっている。

日本の**3大死因**は長期間にわたって脳血管疾患、悪性新生物、心疾患の順であった（表4）。しかし、脳血管疾患による死亡率の急激な低下、80歳以上における悪性新生物の死亡率上昇、高齢者の増加などのため、1981年に悪性新生物が死因の第1位になり、さらに1985年には死因の第2位が脳血管疾患から心疾患に入れ替わり、2011年には死因の第3位が脳血管疾患から肺炎に入れ替わり、さらに2018年には老衰が死因の第3位になった。悪性新生物および心疾患による死亡率は一貫して上昇し続け、2018年の死亡率は人口10万人当たりそれぞれ300・7人、167・6人となっている。これに対して脳血管疾患による死亡率は1970年以降低下を続け、2018年の死亡率は人口10万人当たり87・1人であった。

65歳以上の死因を性別にみると、死因第3位が男は肺炎、女は老衰である（2018年）。また、女では血管性等の認知症による死亡が第8位、アルツハイマー病が第10位に入っている。血管性等の認知症は年齢計の死因順位でも第9位に入ってきており[2]、人口高齢化の影響がすでにこ

表 4　死因順位の推移

年	第 1 位		第 2 位		第 3 位	
	死因	率	死因	率	死因	率
1950	全結核	146.4	脳血管疾患	127.1	肺炎･気管支炎	93.2
1955	脳血管疾患	136.1	悪性新生物	87.1	老衰	67.1
1960	脳血管疾患	160.7	悪性新生物	100.4	心疾患	73.2
1965	脳血管疾患	175.8	悪性新生物	108.4	心疾患	77.0
1970	脳血管疾患	175.8	悪性新生物	116.3	心疾患	86.7
1975	脳血管疾患	156.7	悪性新生物	122.6	心疾患	89.2
1980	脳血管疾患	139.5	悪性新生物	139.1	心疾患	106.2
1985	悪性新生物	156.1	心疾患	117.3	脳血管疾患	112.2
1990	悪性新生物	177.2	心疾患	134.8	脳血管疾患	99.4
1995	悪性新生物	211.6	脳血管疾患	117.9	心疾患	112.0
2000	悪性新生物	235.2	心疾患	116.8	脳血管疾患	105.5
2005	悪性新生物	258.3	心疾患	137.2	脳血管疾患	105.3
2010	悪性新生物	279.7	心疾患	149.8	脳血管疾患	97.7
2015	悪性新生物	295.5	心疾患	156.5	肺炎	96.5
2018	悪性新生物	300.7	心疾患	167.6	老衰	88.2

年	第 4 位		第 5 位	
	死因	率	死因	率
1950	胃腸炎	82.4	悪性新生物	77.4
1955	心疾患	60.9	全結核	52.3
1960	老衰	58.0	肺炎･気管支炎	49.3
1965	老衰	50.0	不慮の事故	40.9
1970	不慮の事故	42.5	老衰	38.1
1975	肺炎･気管支炎	33.7	不慮の事故	30.3
1980	肺炎･気管支炎	33.7	老衰	27.6
1985	肺炎･気管支炎	42.7	不慮の事故	24.6
1990	肺炎･気管支炎	60.7	不慮の事故	26.2
1995	肺炎	64.1	不慮の事故	36.5
2000	肺炎	69.2	不慮の事故	31.4
2005	肺炎	85.0	不慮の事故	31.6
2010	肺炎	94.1	老衰	35.9
2015	脳血管疾患	89.4	老衰	67.7
2018	脳血管疾患	87.1	肺炎	76.2

注：率は人口 10 万対死亡数
出所：2018 年人口動態統計年報（確定数）

のような形で表れている。

4　EBPMに向けて

死亡率が極限まで低下すると、疾病や事故による死亡がほとんどなくなり、生存率曲線はある高齢の年齢まで100％に近い値で水平に推移し、その年齢を超えると垂直的に下降することが考えられる。日本の今日の生存率曲線はこの状態に近づきつつあり、水平から垂直に移る変曲点は2015年完全生命表では男で87歳、女で92～93歳であった。生命表の描く定常状態で、年間死亡数の最も多い年齢がちょうどこの変曲点に相当している。死亡数がピークとなる年齢は2050年には男90歳、女95歳になると見込まれている。「人生100年時代」の趣旨は、疾病や事故による死亡をなくし、この変曲点となる年齢を100歳まで伸ばそうという目標の標榜である。

注

（1）生存率曲線とは、10万人の同時出生集団が年々減少していく際の生存数の年次推移を表した曲線のことである。

（2）2018年の第6位～第10位の死因は不慮の事故（33・2）、誤嚥性肺炎（31・0）、腎不全（21・0）、血管性等の認知症（16・5）、自殺（16・11）であった（カッコ内は人口10万対死亡率）。

第1章の要点

・男女ともほぼ全ての年齢階級で日本人の死亡率が主要国の中で最も低い値となっている。

・2018年の死亡数136万人の76％は75歳以上で、死亡数が最も多い年齢は男85歳、女91歳であった。2050年にはこの年齢が男90歳、女95歳に上昇すると見込まれている。

・「人生100年時代」といわれるようになったが、同じコウホートで100歳まで生存する人の割合は2015年の完全生命表でも男で1・6％、女で6・7％に過ぎない。

・日本の3大死因は長期間にわたって脳血管疾患、悪性新生物、心疾患の順であったが、2018年には悪性新生物、心疾患、老衰の順に変わり、認知症による死亡も増えてきた。

第2章 子との同居は減少した

年金制度の普及などにより高齢者の選択肢が増え、子と同居する高齢者は大幅に減少した。この章では過去5回の国勢調査の結果をもとに、一人暮らしや施設入所を含む高齢者の住まい方の現状を概観する。■

1 はじめに

高齢者の子との**同居率**の高さは日本の特徴であった。しかしながら、核家族化の進行や年金制度等社会保障制度の充実などによって、子と同居する高齢者の割合は徐々に低下し、65歳以上の者の子との同居率は1980年の69%から2016年には38%まで低下した（国民生活基礎調査）。1980年には高齢者の52・5%が子夫婦と同居し、16・5%が配偶者のいない子と同居

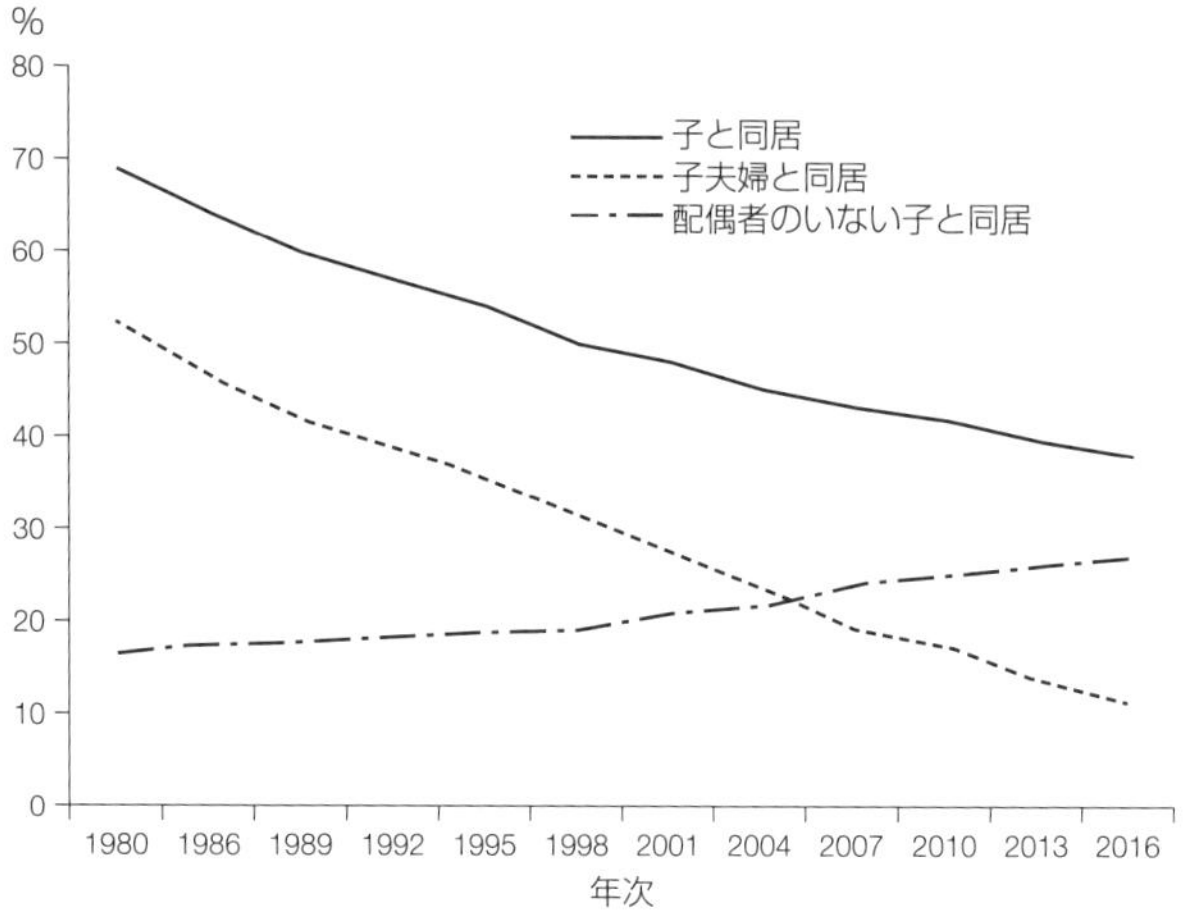

図１　65歳以上の者の子との同居率：1980～2016年
出所：国民生活基礎調査各年

していたが、２０１６年には子夫婦と同居する高齢者は11％に減少し、配偶者のいない子と同居する高齢者は27％に増加した（図１）。子夫婦と同居している高齢者は劇的に減少する一方、配偶者のいない子と同居している高齢者は徐々に増加しており、後者の家族形態は子どもが老親の面倒を見るのではなく、老親が子どもを経済的に支えるという状況であり、将来に問題や不安を抱えたままの家族であろう（稲垣2013）。

　本章は１９９５～２０１５年の国勢調査結果をもとに、性・年齢階級別に高齢者の子との同居率の動向を調べ、同居率低下と裏腹の関係にある単独世帯や施設入所者の増加について検討した。

表1　性・年齢3区分別高齢者の子との同居率：1995～2015年

（単位：%）

年	男女計				男				女			
	65+	65-74	75-84	85+	65+	65-74	75-84	85+	65+	65-74	75-84	85+
1995	52.3	47.6	57.8	65.6	48.1	45.7	51.2	59.8	55.2	49.2	61.8	68.1
2000	47.2	43.0	51.3	59.2	43.6	41.8	45.5	53.2	49.8	44.1	54.7	61.7
2005	43.6	40.3	45.5	53.6	40.5	39.4	41.0	48.1	45.8	41.2	48.5	55.7
2010	40.7	38.6	41.1	48.3	38.2	37.6	37.8	44.1	42.6	39.4	43.4	50.0
2015	37.6	36.3	37.6	42.4	35.3	34.9	34.9	39.0	39.4	37.5	39.6	43.9

出所：国勢調査各年

2　性・年齢階級別同居率：1995～2015年

65歳以上（65＋）の者の子との同居率は1995年の52％から2015年には38％に低下した（表1）。同じ年齢区分では女の方が男より同居率はやや高いものの、男女とも同じような動きであった。1995年には年齢区分の上昇とともに男女とも同居率が高まったが、2015年にはこの傾向はかなり弱まっている（表1）。

図2は性・年齢階級別に子と同居している高齢者数および同居率を1995年と2015年で比較したものである。同居高齢者数（図2a）は男女とも各年齢階級で1995年より2015年の方が増えている。しかし、2015年の同居率は男女とも1995年より大幅に低下し、年齢階級による違いも小さくなっている（図2b）。1995年・2015年ともに女では90歳以上で顕著な同居率の低下が見られるが、これは施設への入所のためと考えられる。

2015年について、人口等基本集計第16－2表を用いて高齢者の住まい方をみると、子と同居している高齢者の割合は男女とも年齢階級によってあまり変化せず、80歳以上で年齢階級の上昇とともに①夫婦のみ世帯の割合が急激に減少し（女では70歳以上で）、②施設等入所者の割合が急激に増加することがわかる（図3①）。

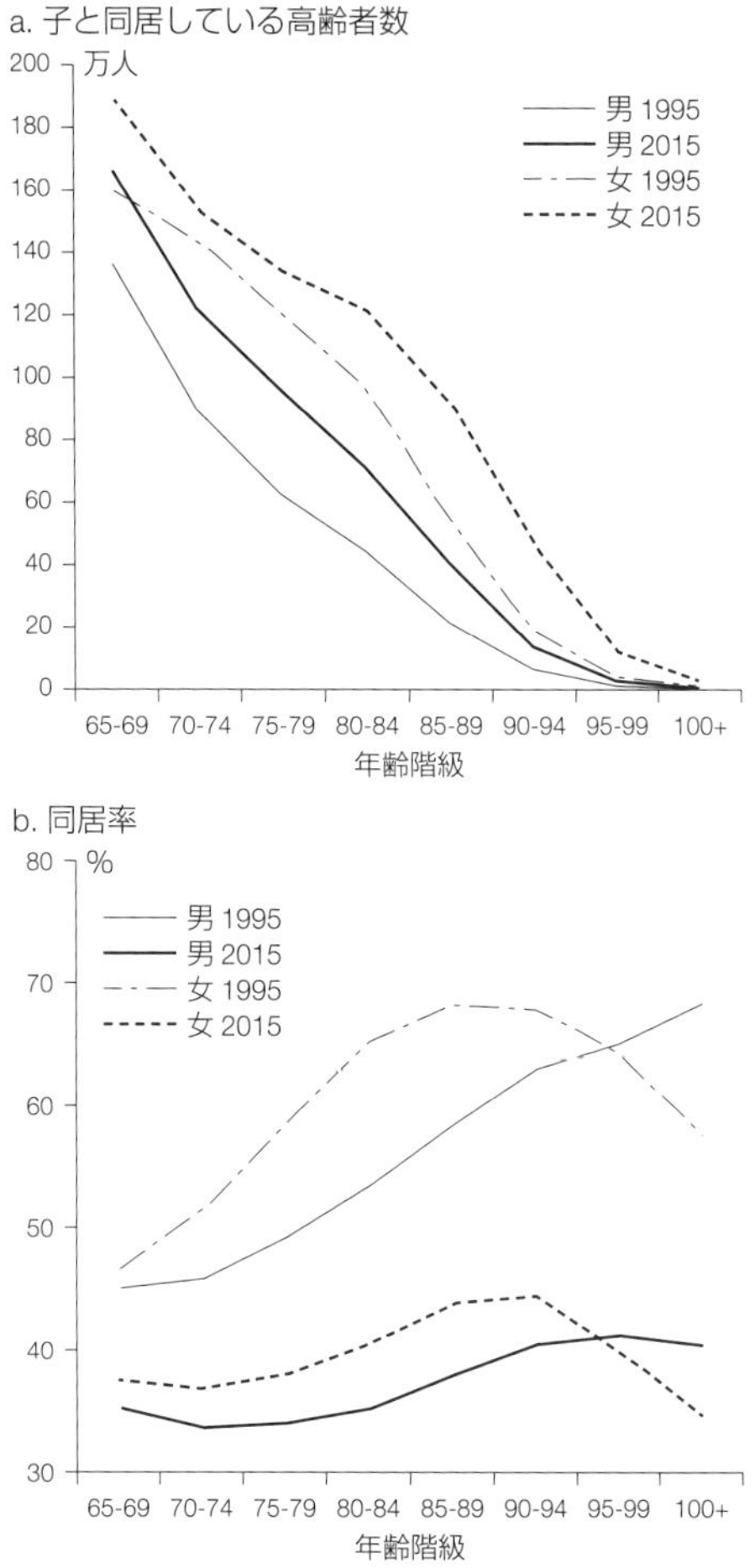

図2　性・年齢階級別子と同居している高齢者数およびその割合（同居率）：1995年と2015年

出所：1995年国勢調査親子の同居等に関する特別集計結果 第8表および2015年国勢調査 世帯構造等基本集計第39表より筆者作成

3 一人暮らしや施設等入所者

図３から２０１５年における一人暮らしの人の割合は、男は年齢階級にかかわらず１５％程度

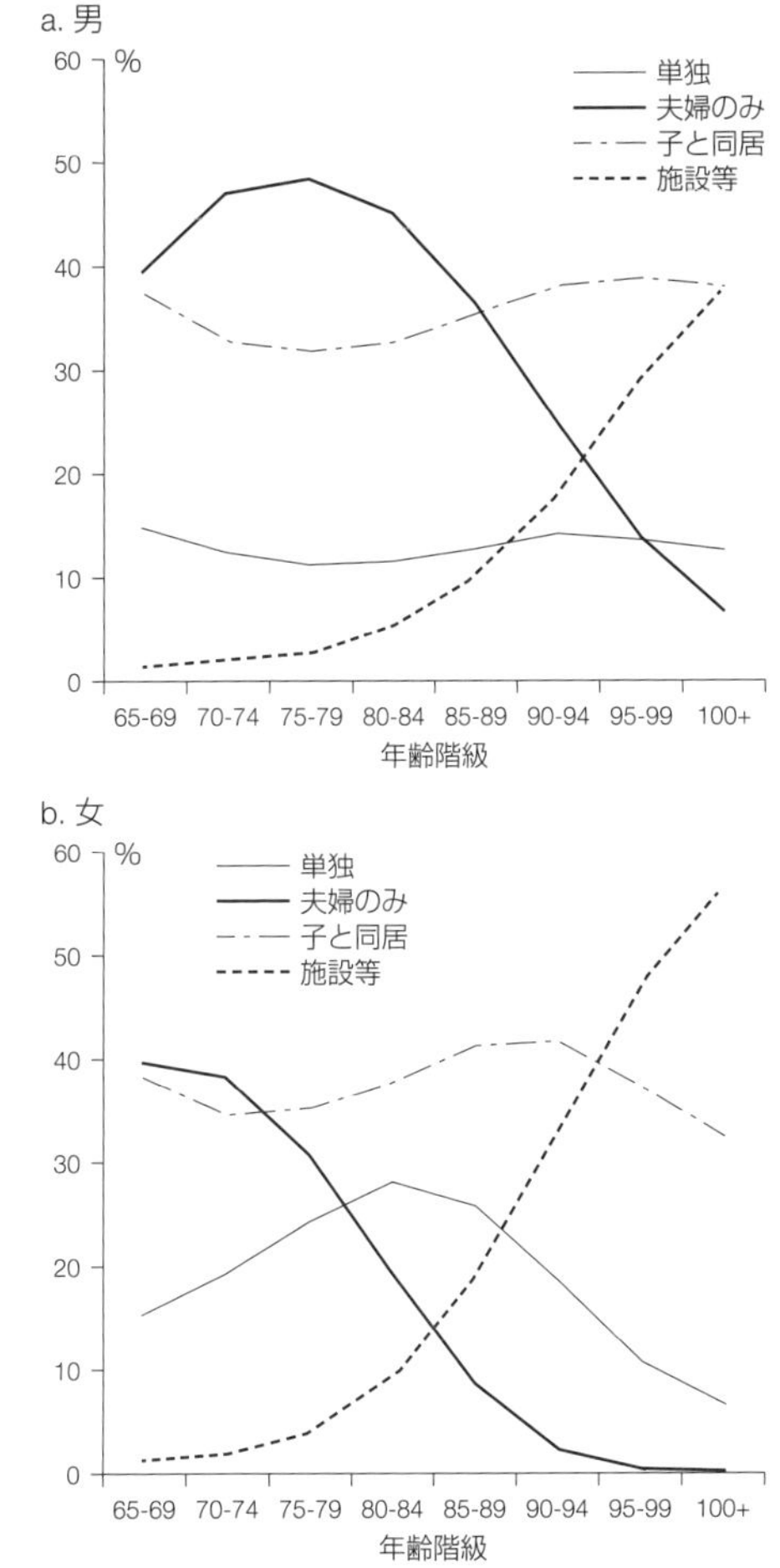

図 3　性・年齢階級別高齢者の住まい方の割合（単独・夫婦のみ・子と同居・施設等）：2015 年

出所：2015 年国勢調査 人口等基本集計 第 16-2 表より筆者作成

表2　一人暮らし高齢者の割合：日米比較（単位：%）

	日本				アメリカ			
	65+		85+		65+		85+	
	1995	2015	1995	2015	1990	2014	1990	2014
計	13	19	11	25	29	26	37	40
男	6	14	8	16	15	18	24	27
女	17	23	12	30	38	32	41	46

出所：日本は国勢調査各年、アメリカはStepler（2016）

（図3a）、女は80～84歳までは上昇しそれ以降低下する（図3b）ことがわかる。65歳以上（65＋）でみても、85歳以上（85＋）でみても、一人暮らし高齢者の割合は過去20年間に上昇し続け（表2）、今後とも緩やかに上昇するとみられている。[2]

アメリカでは1990年まで男女とも一人暮らし高齢者の割合が上昇し続けていたが、65歳以上の女性で一人暮らしの割合が1990年の38％から2014年には32％と減少に転じた（Stepler 2016）。その原因は、65～84歳の女性が配偶者や子と住む割合が増加したことによる。85歳以上の女性や65歳以上の男性の一人暮らしの割合はこの間上昇している（表2）。

施設等に入所している日本の高齢者の割合は男女とも年齢階級の上昇とともに急激に上昇し、同じ年齢階級では女の方が男より大幅に高い（図3）。その結果、65歳以上でみると施設等入所率は6・0％（男3・8％、女7・6％）であるが、85歳以上では22・4％（男13・3％、女26・3％）に上昇している（2015年）。

4 EBPMに向けて

65歳以上の者の子との同居率は1980年には69％であったが、2015年には38％に低下した。子夫婦との同居の減少は高齢者に選択肢が増えた結果と解釈されるが、配偶者のいない子との同居の増加は社会政策上の懸念材料である。

2015年における高齢者の子との同居率を1995年と比較すると、男女とも各年齢階級で同居率は大幅に低下している。

65歳以上で施設等に暮らしている人の割合は2015年で6・0％であったが、この割合は年齢階級の上昇とともに急激に上昇する。今後の高齢層におけるさらなる高齢化を考慮すると、超高齢層における**施設等入所率**の高さが懸念される。

日本より一人暮らし高齢者の割合がはるかに高いアメリカで、65歳以上の女性で一人暮らしの割合が1990年の38％から2014年には32％と減少に転じた。高齢者の住まい方は子との同居や施設入所以外に多様な選択肢が考えられる。高齢者の住まい方と介護サービスの提供は1つの問題の別の側面という観点から、さまざまなgood practiceを積み重ねた上で望ましい選択肢を増やす努力が重要になっている。

コラム② EBPM

エビデンスに基づく政策（Evidence Based Policy、略EBP）とは公共政策学の多方面において用いられる用語であり、政策決定が厳格に立証された客観的なエビデンスに基づくことを意味する。「根拠に基づく医療」では診療的意思決定においてすべての当事者が目標に関して一致しうるが、公共政策的意思決定においては多角的で競合的な社会的利害関係における選択を含む政治的決定となる場合も多く、エビデンスに基づく政策という構想の有用性や応用性については議論に争いがある。

EBPM（Evidence Based Policy Making）は「エビデンスに基づく政策立案」と訳され、客観的なエビデンスを活用して、政策の効果的・効率的な決定・運営を目ざす取組みである。欧米に続いて、近年は日本国内でも関心が高まっている。2018年1月に内閣官房行政改革推進本部が公表した資料「EBPMの推進」では、EBPMを「政策の企画立案をその場限りのエピソードに頼るのではなく、政策目的を明確化したうえで政策効果の測定に重要な関連をもつ情報やデータ（エビデンス）に基づくものとすること」としている。経済協力開発機構（OECD）ではEBPMを「政策オプションの中から決定し選択する際に、現在最も有益なエビデンスを誠実かつ明確に活用すること」と定義している。急速な少子高齢化の進展や、厳しい財政状況の下、地域や社会の持続可能性を保つためには、限りある政策資源を有効に活用し、国民により信頼される行政を展開する必要があり、EBPMを適切に推進していくことが求められている。日本においてエビデンスに基づく政策形成が有効に活用されるようになるためには、高度な計量分析などを行える人材の確保および良質な統計データの拡充が課題となっている。

注

（1）2015年国勢調査人口等基本集計第16－2表の家族類型計と人口の差を「施設等」とした。「子と同居」は「子夫婦と同居」（aは高齢夫婦と子夫婦の同居、bはひとり親と子夫婦の同居）と「配偶者のいない子と同居」（cは高齢夫婦と無配偶の子の同居、dはひとり親と無配偶の子の同居）の合計とした。

（2）社人研（2017）および社人研（2018）によると、65歳以上人口の一人暮らしの率は2030年で21・4％と計算される。

第2章の要点

・65歳以上の者の子との同居率は1980年の69％から2015年には38％に低下した。

・子夫婦との同居の減少は高齢者に選択肢が増えた結果と解釈されるが、近年増加している配偶者のいない子と老親との同居は**引きこもり**等の問題として表れている。

・日本では一人暮らし高齢者の割合は上昇し続け、今後とも緩やかに上昇するとみられている。一方、アメリカでは65歳以上の女性で一人暮らしの割合が1990年の38％から2014年には32％に減少したと報告されている。

・65歳以上で施設等に暮らしている人の割合は2015年で6・0％であったが、85歳以上では22・4％に上昇した。

・高齢者の住まい方は子との同居や施設入所以外に多様な選択肢が考えられ、介護サービスの提供の仕方も視野に入れて望ましい選択肢を増やす努力が重要になっている。

第3章

医療費の使われ方がますます重要に

高齢者に医療費がかかることはどの国でもみられる普遍的なことであるが、日本では超高齢層の医療費に問題があるとみられる。この章では高齢者の医療費という観点から日本の医療システムの論点を議論する。■

1　老人保健制度から後期高齢者医療制度へ

老人保健制度による老人医療は1983年から導入され、老人医療費の負担に関して社会連帯を基礎とした枠組みが作られた。老人保健制度による医療を受けられるのは、当初は70歳以上または65～69歳で寝たきり等の障害認定を受けている者であったが、その後対象者は70歳以上から75歳以上に段階的に引き上げられ、併せて、老人医療費に対する公費負担も3割から5割に段階的に引き上げられた。老人保健制度は最終的に、75歳以上の医療給付費を公費5割、各保険者からの拠出金5割でまかなっていた。この老健拠出金に対する保険者・被保険者の反発が強かったが、それ以外にも老人保健制度による老人医療に対しては、（a）同じ75歳以上でも、国保加入者と被用者保険の被扶養者との間で、あるいは市町村間で、保険料額に大きな差がある、（b）拠出金の中で高齢者と現役世代の負担割合が不明確である、といった問題点が指摘されていた。老人保健法は2008年3月までで廃止された。

2006年の「高齢者の医療の確保に関する法律」（高齢者医療法）により、2008年4月から75歳以上の**後期高齢者医療制度**および65～74歳の前期高齢者医療制度（65～74歳の医療費について被用者保険と国民健康保険の制度間の負担の不均衡を財政調整する仕組み）がスタートした。後期高齢者医療制度は高齢者の保険料により給付費の1割をまかない、残りの9割を公費負担（約5割）と各医療保険者が支払う「支援金」（約4割）でまかなう制度である。高齢者の保険料は被保険者全員が負担する均等割（年額4万5116円）と所得に応じて負担する所得割（8・81％）で構成され（数値は2019年度）、世帯の所得が一定以下の場合には均等割の2割・5割・7割（2019年度は8割、8・5割）の軽減措置がある。

後期高齢者医療制度は老人保健制度のもとでの問題点を解決し、高齢者医療の負担を世代間の連帯で支えるとともに、高齢者一人ひとりに保険料負担を求め、原則として同じ都道府県で同じ所得であれば同じ保険料とすることで高齢者の保険料負担の公平化を図ったものである。当初は、75歳以上を対象に独立した制度を設け、その保険料を年金給付から天引きしたことが高齢者の大きな反発を招いたが、その後沈静化し、後期高齢者医療制度は定着してきた。

コラム③ 老人保健制度の廃止

2008年4月から始まった新制度（後期高齢者医療保険制度）は医療費に関する患者負担引上げの流れの中で導入された。適切な給付カタログは何かというアプローチではなく、医療費国庫負担の増加を抑制するためには医療費増加を抑制しなければならないという発想で進められている。老人保健制度を廃止するきっかけは、各保険者から老人保健制度への拠出金に対する反対であった。つまり、現役世代が老人保健拠出金という形で老人医療費を負担することを拒否したわけである。「税金ならやむを得ないが、老人保健拠出金は否」という理屈は考えにくいので、おそらく老人保健制度あるいは医療保険制度全体の運営に対する不満がその根底にあったのであろう。老人保健制度の何が悪かったのか、これを明確にすることが今後の議論の出発点となる。

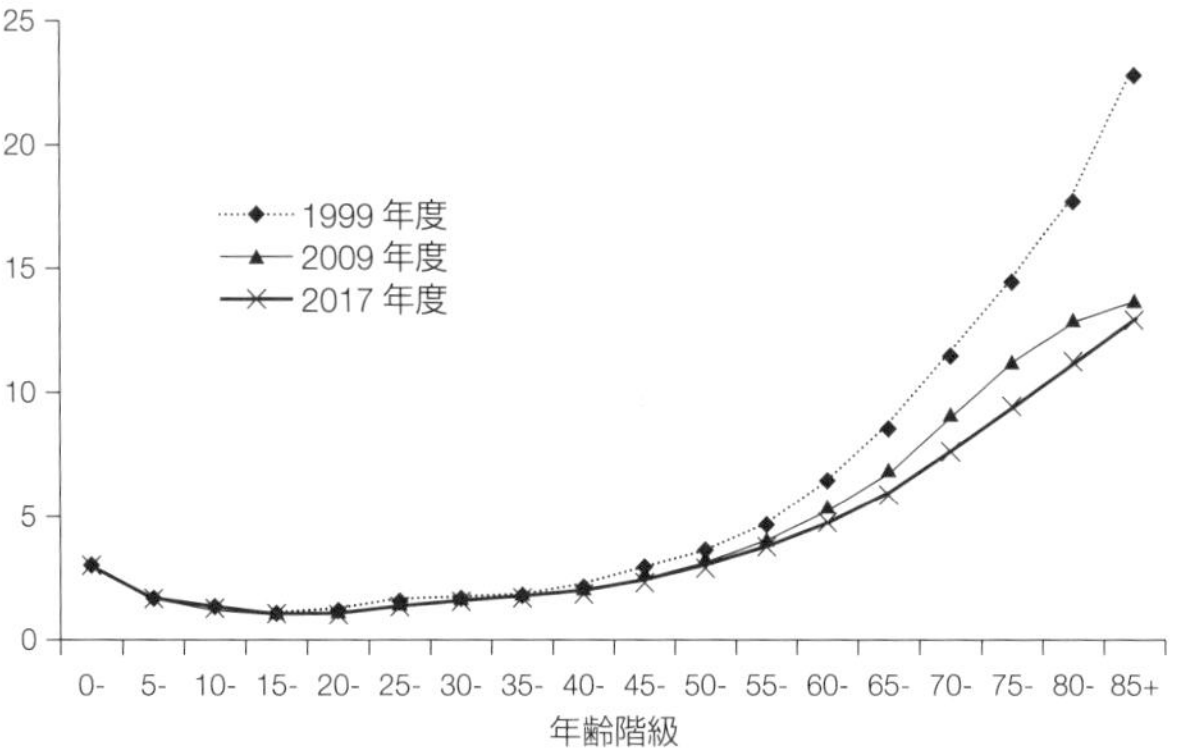

図１　年齢階級別人口１人当たり国民医療費（15～19歳＝1.0）：1999、2009、2017年度

出所：厚生労働省「国民医療費」

2　高齢者の医療費

国民医療費は１９９７年度以降、年齢５歳階級別（ただし85歳以上一括）に医療費を公表している。介護保険が導入される２０００年度以前は、毎年75歳以上の高齢層で人口１人当たり医療費が上昇する構図であった。国民医療費総額は２０００年度に前年度に比べて減少し、その後何度か前年度より減少した年もあったが、２０１７年度における国民医療費の総額は43・１兆円（ＧＤＰの７・９％）で、国民１人当たり医療費は年に34・０万円となった（厚労省 2019）。

65歳以上人口１人当たり医療費の65歳未満人口１人当たり医療費に対する倍率は、高齢者の医療費の高さを示す指標としてよく用いられる。この倍率

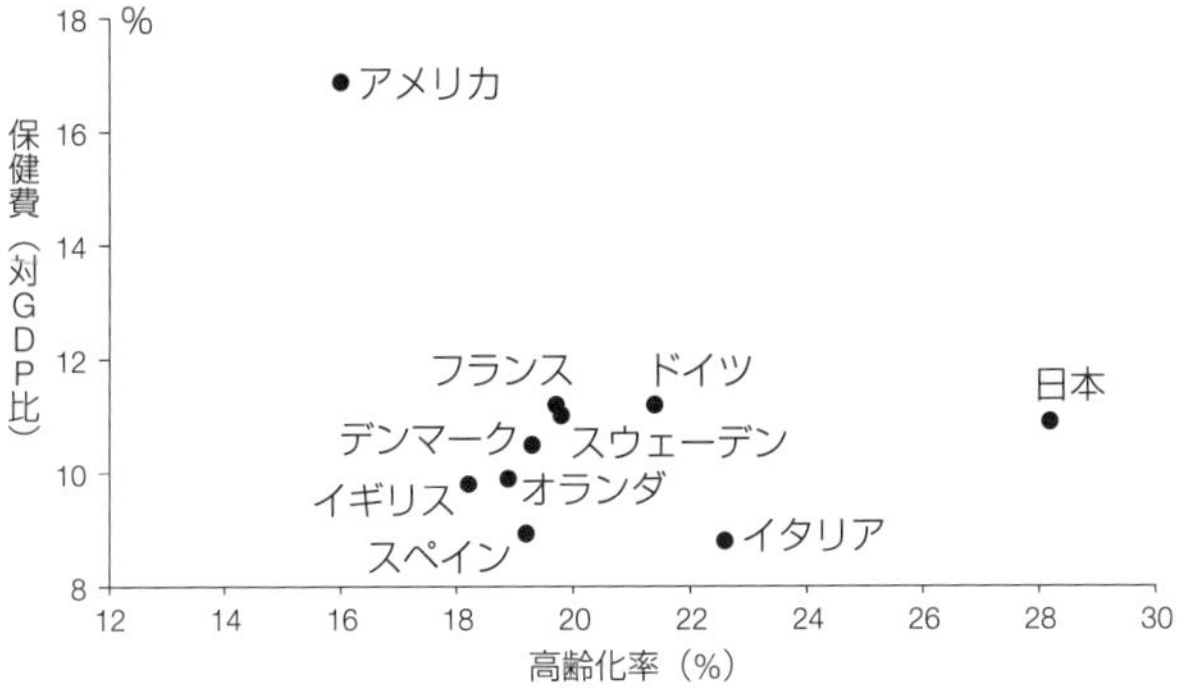

図2　保健費（対GDP比）と高齢化率：2018年
出所：OECD Health Statistics 2019

は、2000年度以前はおよそ5倍であったが、2000年度に4・4倍に低下し、2017年度は3・9倍（75歳以上は65歳未満の4・9倍）になっている。このように高齢層の人口1人当たり医療費は非高齢層に比べて高いため、高齢者の増加に伴い高齢者医療費は国民医療費の中で大きなシェアを占めるようになっている。さらに高齢死亡者が高齢者医療費を押し上げている可能性も考えられる。

図1は1999・2009・2017年度の年齢階級別人口1人当たり国民医療費を15～19歳を基準（1・0）として示したものである。高齢層に注目すると、介護保険が導入された2000年度に1人当たり医療費は大きく下がり、2009年度には75歳以上の高齢層で上に凸の曲線になったが、その後再び単調増加の曲線にもどり、2017年度では85歳以上の1人当たり国民医療費が108・3万円と全年齢平均の3・2倍となってい

表1　医療提供体制の国際比較（2016/18年）

国名	人口千対医師数	人口千対看護職員数	人口千対病院病床数	平均在院日数	年平均外来受診回数
フランス	3.17	9.9	6.0	9.9	6.1
ドイツ	4.25	12.9	8.0	8.9	9.9
日本	2.43	11.3	13.1	28.2	12.6
スウェーデン	4.12	10.9	2.2	5.7	2.8
イギリス	2.85	7.8	2.5	6.9	…
アメリカ	2.61	11.3	2.8	6.1	4.0

出所：OECD Health Statistics 2019

る。

図2はＯＥＣＤ諸国の中の10か国について、**保健費**（医療費＋介護費の一部）の対ＧＤＰ比と高齢化率の散布図を描いたものである。この図は残念ながら医療費だけの比較にはなっていないが、主要先進国の中で日本の医療費の状況を概ね理解することには役立つ。アメリカの保健費の高さは特異的であり、アメリカを除いた先進諸国の保健費は高齢化の度合にかかわらずＧＤＰの9～11％台に集中している。日本は高齢化が最も進んでいる割には、これまで保健費は低い水準であったが、今日では日本の保健費はドイツ、フランスなどとともに高くなっている（含まれる介護費が大幅に増えたため）。10か国の中でイタリアは日本に次いで高齢化率が高いが、保健費のＧＤＰ比はスペインと同程度に低い。

OECD Health Statistics 2019によると、日本の人口千人当たり医師数（2・43人）はドイツ（4・25人）やフランス（3・17人）に比べて相当に低水準である（表1）。人口千人当たり病院病床数では日本は13・1床と主要国の中では群を抜いて多く、ドイツ（8・0床）の1・6倍、アメリカ（2・8床）の4・7倍である（表1）。退院患者の平均在院日数も日本が突出して長い。また、国民1人当たりの年平均外来受診回数はアメリカの3倍と多く、医療機器の設置台数が多いのも日本の特徴である。

日本は高齢化が進んでいるとともに、医療サービスへのアクセスはよいにもかかわらず、保健費のGDP比はドイツ・フランス並みである（図2）。したがって、日本の医療システムは概して効率的と考えられるが、国民のよりよい医療サービスに対する要求は強く、医療は常にコスト増の圧力にさらされており、次節で述べるような問題もかかえている。

3　医療システムの論点

日本の**医療の質**は一般的には高いと考えられるが、大きなバラツキが存在すること（医療の質の保証の欠如）が問題である。医療サービスの適切さについては、病院や医師の配置のアンバランスの問題や医療費の地域差の問題（年齢や疾病構造の違いで説明しきれない）が挙げられる（府川 2010）。医療サービスの効率の面では、**マクロの効率性**は優れているようにみえる（医療費の対GDP比は高齢化が進んでいる割には大きくない）が、**ミクロの効率性**は在院日数の長さやインフォームド・コンセントの不徹底などの点で日本のシステムの評価は高くない（府川 2005）。この他、過剰な病床数（長期入院の要因）、病院や医師の機能分化の不十分さ、診療報酬点数表に内包される誤ったインセンティブの存在、患者の側のモラルハザード、医療機関の側の非価格競争による悪循環、等々が日本の医療システムの問題点としてあげられる。本節ではこの中から以下の4点について述べる。

(1) 医療費増加のコントロール

公的医療システムの最大の目的は、国民が所得やリスクに関係なく平等に医療サービスにアクセスすることを保障することである。この点で日本の医療システムは大変大きな成果をおさめてきた。医療サービスに対する国民のニーズが高まる中で財政的な制約あるいは負担の限界を考慮すれば、このシステムを維持するために医療費増加をコントロールすることが必要である。国民医療費の6割を占める65歳以上の医療費の動向が医療費コントロールのカギを握る。そのため医療資源利用の効率化、患者の権利の向上と患者の選択の拡大、プライマリー・ケアと2次・3次医療の連携の向上、など医療システムの機能向上が欠かせない。

(2) 正しいインセンティブの付与

診療報酬支払制度の改革はインセンティブの問題として最も重要である。診療報酬支払制度がどのように設計されているかにより、医療機関にとっても保険者にとってもインセンティブが変わってくる。ほぼ全ての西ヨーロッパ諸国において、病院の診療報酬支払に関して何らかの1入院当たり支払い制度を用いている（Busse et. 2005）。日本ではこれまで**出来高払い制度**が中心で、診療報酬点数表には不適切なインセンティブも含まれ、点数表改訂にともなう社会的コストも大きい。この弊害を是正するためにＤＰＣ（日本版ＤＲＧ）が導入されているが、医療機関の機能分化、入院医療の適正化、医療従事者の質の向上等の医療提供体制の見直しと連携した診療報酬上の対応が必要となっている。医療サービスの質を向上させるためにも診療報酬支払制度の中に適切な医療を適切な量だけ提供するインセンティブを付与する工夫が重要である。

１９９０年代以降、各国で医療サービスの供給をより競争的にするように多くの努力が払われてきた（スミス 2005）。市場の存在は特に急性期には重要であるが、ほとんどの医療制度のもとでは、まだ慢性期に関しては**市場原理**を導入していないか、導入したとしてもかなり慎重に規制をかけて導入している（スミス 2005）。医療システムのなかに競争原理を持ち込んで効果がある分野とない分野がある。非緊急性の医療技術に関しては競争の導入が可能であるが、慢性期あるいは慢性疾患、特に精神疾患については、競争原理の導入は難しく、救急部門も競争原理に馴染まない（スミス 2005）。

（3）意思決定への患者の参加

「患者中心の医療」が最近では医療保険改革の1つの視点として注目されている。日本では患者が自由に医療機関を選択できる（**フリー・アクセス**）という長所がある一方で、患者の医療機関情報やコスト意識が不足し、大病院への患者の集中や、はしご受診という弊害が生じている。これらを是正する方法としては医療機関情報の開示の拡充・促進、**ゲートキーピング**・システムの導入、などが考えられる。「患者中心の医療」を進める背景には、**生活習慣病対策**をはじめ医療資源を効率的に使い、医療システムを有効に機能させるためには患者の参加が欠かせない、という実態がある。「患者中心の医療」を実現する上で患者にわかりやすく医療情報を提供し、**患者の選択**を広げることは不可欠である。皆保険制度&ユニバーサル・アクセスが日本の制度の大きな特徴であるが、この制度を維持していくためには保険者の役割も重要になっている。

（4）医療・介護の連携

サービス受給者からみれば医療・介護サービスの連携は必要不可欠なことであるが、医療サービスと介護サービスは定義が異なり、どのような枠組みで提供するのが適切なのかはそれぞれの国の状況によって変わってくる。ドイツや日本では高齢者に対する介護サービスを介護保険から支給しているが、オランダのアプローチは長期医療・介護と通常の医療とを分離するものであった。また、イギリスも施設介護サービス給付をＮＨＳに加えることにしている。

高齢者のいわゆる**社会的入院**は他の先進国でもみられた。しかし、スウェーデンではエーデル改革（１９９２年）によって大幅に減少したとされ、ドイツでは不適切入院が介護保険の導入およびび病院の診療報酬支払いへのＤＲＧ方式の導入によりほとんどなくなったといわれている。日本でも介護保険の導入以降、高齢者の医療費はかなり減少した。減少分が介護費に変わっただけなら効率化が図られたとはいえないが、いずれにしても高齢者が病院病床をふさいでいる状態は決して好ましくない。

高齢者医療と介護に関する制度設計には医療と介護をどこで調整するかという問題がある。介護サービスと医療サービスを制度的に統合して提供する場合には全ての要介護高齢者が受給者となるが、介護サービスを福祉サービスとして提供する場合には資力調査によって対象者を限定するケースとそうでないケースとがある。

4　EBPMに向けて

高齢者の増加に伴い、高齢死亡者も増加する。死亡者1人当たりの死亡前1年間の医療費は年齢の上昇とともに大幅に低下する（府川 1998）とはいえ、高齢死亡者1人当たりの死亡前1年間の医療費は同年齢の生存者1人当たりの年間医療費よりはるかに高い。このため、高齢死亡者の増加が高齢者医療費を押し上げている可能性も十分考えられる。日本の医療システムは相対的には効率よく運営され、日本の医療費（対GDP比）は他の先進諸国に比べて高齢化が進んでいる割には高くなっていない。しかし、超高齢層の医療費に関しては日本でも効率化の余地はあるとみられる。患者が医師を自由に選択できるフリー・アクセスは、皆保険と並んで日本の医療制度の特徴である。アメリカのマネジド・ケアにおいては、医療費節約の手段として患者の選択権および医師の裁量権が制限され、日本の制度とは対照的である。患者の選択権は重要であるが、一般に患者は高度な専門職である医師の能力を評価することは困難である。したがって、患者と医師の間の「**情報の非対称性**」を減らす努力は必要であっても、それを解消することは可能でも効率的でもない。

人口高齢化は医療費や介護費の増加要因である。しかし、一方で医療費を増加させる最大の要因は医療サービスにおける技術進歩であり、医療費の大きさはサービス提供体制や診療報酬支払制度といった医療システムのあり方と密接に関連している。高齢者の健康状態の向上により「疾病の高年齢化」が起きているかどうかは、今後の医療費の動向を考える上で重要な論点である。日本の診療報酬支払制度において医療技術を適正に評価し、医療機関の運営コストや機能を適切に反映させることは、制度に正しいインセンティブを付与する上で極めて重要である。

高齢者医療に関する制度の変遷をみると、この制度は人口高齢化を先取りしてシステムに取り込んだ先進例とみられる一方で、制度の成立過程には国民の合意を形成するプロセスのさらなる可視化の必要性が示唆される。日本の医療システム改革においては、社会連帯に関する議論が不足したまま法改正が行われている懸念がある。高齢人口は病気にかかるリスクが高く、この集団の医療費を国民全体で支えるのは当然の**社会連帯**である。高齢者と非高齢者に対する医療サービスの違いを考え、高齢者に対して医療サービスと介護サービスを効率的に提供する枠組みを考える必要がある。日本の制度横断的な診療報酬の審査・支払い制度は、国民の医療サービスへの平等なアクセスに大いに貢献している。持続可能な医療サービスのあり方を考える上で、負担（給付）の増加をコントロールする観点と社会保障の機能を維持・強化する観点とのバランスが重要である。国民に負担を求め、制度に求められている機能を果たすには、合理的な制度運営が求められる。合理的な制度運営のためには患者の参加が欠かせないため、患者への情報提供を推進し、患者の選択を広げ、制度をより柔軟に運営することが必要であるが、患者の医療サービスへのアクセスを合理化することも必要である。

日本でも高齢者自身の、あるいは税・社会保険料負担世代の負担の限界が近づく中で、90歳代の医療費と介護費のバランスについてもっと考える必要がある。高齢者の介護費は医療費より人口高齢化の影響を強く受けるため、施設サービスのニーズを減らし、超高齢層における介護費をコントロールすることが極めて重要である（府川 2003）。在宅要介護者が安心して地域に住み続けるためにも、介護施設入所者にとっても、医療サービスと介護サービスが適切に連携された形で提供されるシステムの構築が重要であるが、それは介護サービスの中に医療サービスを混入させることではない（府川 2014）。

第3章の要点

・65歳以上人口の1人当たり医療費は65歳未満の4倍で、65歳以上の医療費は国民医療費の6割を占めている。

・日本の医療システムは相対的には効率よく運営され、日本の医療費（対GDP比）は他の先進諸国に比べて高齢化が進んでいる割には高くなっていない。

・超高齢層の医療費に関しては日本でも効率化の余地はあるとみられる。

・今後のさらなる人口高齢化に備えるため、医師の偏在の是正、療養病床の再編、救急医療の再整備、在宅医療の強化、介護サービスとの連携などが医療システム改革の課題となっている。

・限りある医療資源を有効に使うため、患者の医療サービスへのアクセスを合理化することも必要である。

第4章 低下してきた要介護率

この章では、先進各国の65歳以上人口の10～15％程度が要介護状態であり、介護費にＧＤＰの１・５～３％台を使っていることを踏まえ、日本の最近の要介護率の動向を把握した上で、介護予防の重要性を議論する。■

1 はじめに

日本の**公的介護保険**は２０００年４月から始まり、およそ20年が経過する。当初は介護サービスの量的拡充や施設サービスの整合性の向上（病院・特養・自宅の間の利用者負担の格差是正、社会的入院の是正、など）が最重要課題であったが、次第にサービスの質の向上や**介護予防**が重視されるようになった。人口の高齢化とともに増加する介護給付費の財源確保が今後の大きな課題となっている。

２０００年度に介護保険が導入されるまでは、公的介護は**措置制度**によって行われていた。措置制度の方式でのサービス提供は量的・質的に不十分で、対象の選定が公平かどうかの検証も難しく、国民には介護サービスを要求する権利もなかった。１９９０年代に介護サービスを社会化する国民的合意が形成され、公的介護保険が創設された。公的介護保険の基本理念は次のとおりである。

・利用者の選択と事業者との契約を基本とするサービス利用
・多様な主体の参入によるサービス供給量の確保
・施設サービスの整合化（特養・病院・自宅の間の不均衡の解消、社会的入院の是正）
・利用に応じた公平な負担（サービス利用者の1割負担）
・高齢者の権利擁護
・市町村の独自性を尊重することによる地方自治の振興（地域差の積極的な容認）

日本の公的介護保険はドイツの公的介護保険を先例として作られた。しかし、次のようないくつかの重要な点で両国の制度は大きく異なっている（府川 2018）。

・日本の制度は現物給付のみであるが、ドイツの制度には現金給付と現物給付がある。
・日本の制度は要支援から給付が用意されているのに対して、ドイツの制度では一定以上の要介護度でないと給付されない。
・日本の制度は主に65歳以上に給付しているが、ドイツの制度には年齢要件がない。
両国の制度とも①介護給付は在宅給付と施設給付があり、要介護状態に応じて相応の給付が支給される、②在宅介護が優先で、在宅介護が不可能な場合に施設介護が提供される、③介護認定は家族介護の有無にかかわらず、要介護状態の程度によって決定される、等は共通であるが、日本の制度と比較してドイツの制度には次のような特徴がある（府川 2018）。
・公的医療保険の加入者および社会扶助等の受給者は公的介護保険に加入し、民間医療保険の加入者は民間介護保険に加入する。
・財源は保険料だけで、公費は投入されていない。利用時の一部負担もない。
・子どものいない被保険者の保険料率は子どものいる被保険者より0・25％加算されている。
・在宅介護給付には現物給付（介護要員の派遣）と現金給付の選択が認められ、両者の組合せも可能である。
・介護保険は必要とするサービスを全てカバーしているわけではないし、また、要介護状態の全てをカバーするものでもない（一定以上の要介護状態を対象にしている）。
・同一の要介護状態なら、住んでいる地域・年齢・住まい方（家族と同居しているかどうか）にかかわらず同一給付が原則である。

・家族による介護を支援する一環として、介護している人の社会保障を充実させている。
・施設入所者の医療費を介護保険が負担している。

本章は日本の65歳以上の**要介護率**（介護給付受給者の当該年齢人口に占める割合）の動向を分析し、介護サービスの有効利用や介護予防に向けた努力に関する議論を行った。人口高齢化にもかかわらず、日本の65歳以上の要介護率は２０１５年度をピークにそれ以降低下している。他の先進諸国と比べて人口高齢化が最も進んでいる日本では要介護高齢者数が多いが、それは日本人が要介護になりやすいということを意味しているわけではない。

2　要介護率の動向

表1は介護保険の費用と受給者数（65歳以上）の推移を示したものである。２０１７年度における介護費総額は９・９兆円（ＧＤＰの１・８％）で、その内訳は居宅サービスが50％、地域密着型サービスが17％、施設サービスが33％であった。この表で特に注目されるのは65歳以上を一括した要介護率（65＋の％）の推移である。この要介護率は年々上昇してきたが、２０１５年度の14・９％をピークにそれ以降低下し、２０１７・２０１８年度は14・０％となっている。

表1　介護保険の費用および受給者数の推移

年度	支出（兆円）					受給者（千人）								
	介護総費用	GDP比(%)	居宅	地域密着	施設	65+	%	65-69	70-74	75-79	80-84	85-89	90-94	95+
2000	3.60													
2001	4.57	0.9	1.67	0.05	2.85	2138	9.4	124	238	389	505	507	290	85
2002	5.19	1.0	2.08	0.07	3.04	2485	10.6	141	278	456	588	578	341	104
2003	5.68	1.1	2.44	0.14	3.10	2794	11.5	153	310	517	669	636	386	123
2004	6.18	1.2	2.72	0.23	3.23	3068	12.4	160	332	569	749	683	431	144
2005	6.39	1.2	2.91	0.30	3.18	3267	12.7	162	345	596	801	738	465	162
2006	6.43	1.2	2.97	0.42	3.04	3387	12.7	158	337	594	834	782	500	183
2007	6.44	1.2	3.15	0.49	2.80	3551	12.9	159	334	603	870	838	536	211
2008	6.71	1.3	3.33	0.56	2.82	3672	13.0	163	326	605	905	889	555	229
2009	7.18	1.5	3.62	0.63	2.93	3815	13.2	170	321	610	939	952	574	249
2010	7.56	1.5	3.90	0.69	2.96	3997	13.7	172	319	626	978	1010	623	268
2011	7.94	1.6	4.16	0.78	3.00	4207	14.1	171	328	643	1021	1090	669	285
2012	8.45	1.7	4.49	0.89	3.07	4452	14.5	181	337	660	1079	1172	722	301
2013	8.85	1.7	4.77	0.96	3.12	4711	14.8	190	354	664	1125	1266	797	314
2014	9.25	1.8	5.03	1.06	3.16	4871	14.8	202	372	670	1149	1315	838	327
2015	9.49	1.8	5.19	1.13	3.17	5062	14.9	220	370	667	1181	1372	896	357
2016	9.66	1.8	4.94	1.53	3.19	5092	14.7	228	347	650	1160	1379	945	382
2017	9.90	1.8	4.99	1.66	3.26	4930	14.0	207	331	605	1080	1348	961	398
2018						4973	14.0	191	334	608	1053	1358	1006	423

注：年齢階級別受給者数は各年11月審査分。
出所：厚生労働省介護保険事業状況報告（年報）、介護給付費等実態調査（年報）

2019年9月における65歳以上の介護受給者総数は502万人で、65歳以上（65+）人口の14・1%であった（表2）。ここでは要介護率（受給者のその年齢階級の人口に対する割合）として次の3種類を考える。

・要介護率Ⅰ（受給者に要支援と要介護の全てを含む：表2の②／①）
・要介護率Ⅱ（受給者を要介護1~5に限定し、要支援を含まない：表2の③／①）
・要介護率Ⅲ（受給者を要介護3~5に限定する：表2の④／①）

表2　年齢階級別高齢者の要介護率：男女計、2019年9月

（単位：千人、％）

年齢階級	人口①	受給者計②	要支援	要介護1～5③	要介護3～5④
65+	35,752	5,023.5	752	4,271.5	2,093.0
65-69	9,020	176.8	29.9	146.9	69.6
70-74	8,433	337.8	60.6	277.2	130.1
75-79	7,110	623.4	117.4	506.0	227.5
80-84	5,332	1,036.1	189.3	846.8	372.0
85-89	3,573	1,370.0	215.0	1,155.0	534.3
90-94	1,738	1,038.0	115.0	923.0	486.8
95+	546	441.4	24.8	416.6	272.7

年齢階級	要介護率（％）Ⅰ（②/①）	Ⅱ（③/①）	Ⅲ（④/①）	要支援の割合（％）
65+	14.1	11.9	5.9	15.0
65-69	2.0	1.6	0.8	16.9
70-74	4.0	3.3	1.5	17.9
75-79	8.8	7.1	3.2	18.8
80-84	19.4	15.9	7.0	18.3
85-89	38.3	32.3	15.0	15.7
90-94	59.7	53.1	28.0	11.1
95+	80.8	76.3	49.9	5.6

出所：介護給付費等実態調査2019年9月審査分

要介護率Ⅰは年齢の上昇とともに急激に上昇し、男性では90歳以上、女性では85歳以上の年齢層でほぼ半数以上がサービスを受給している。65歳以上人口の14・1％（男9・7％、女17・4％）が介護保険の受給者となっていた。要支援を除いた要介護率Ⅱも年齢階級の上昇とともに急激に上昇することは同様であるが、65歳以上の要介護率は11・9％（男8・4％、女14・7％）にとどまった。受給者に占める要支援のシェアは65歳以上全体では15％（男13％、女16％）であるが[1]、95歳以上では大きく低下している。さらに要介護率

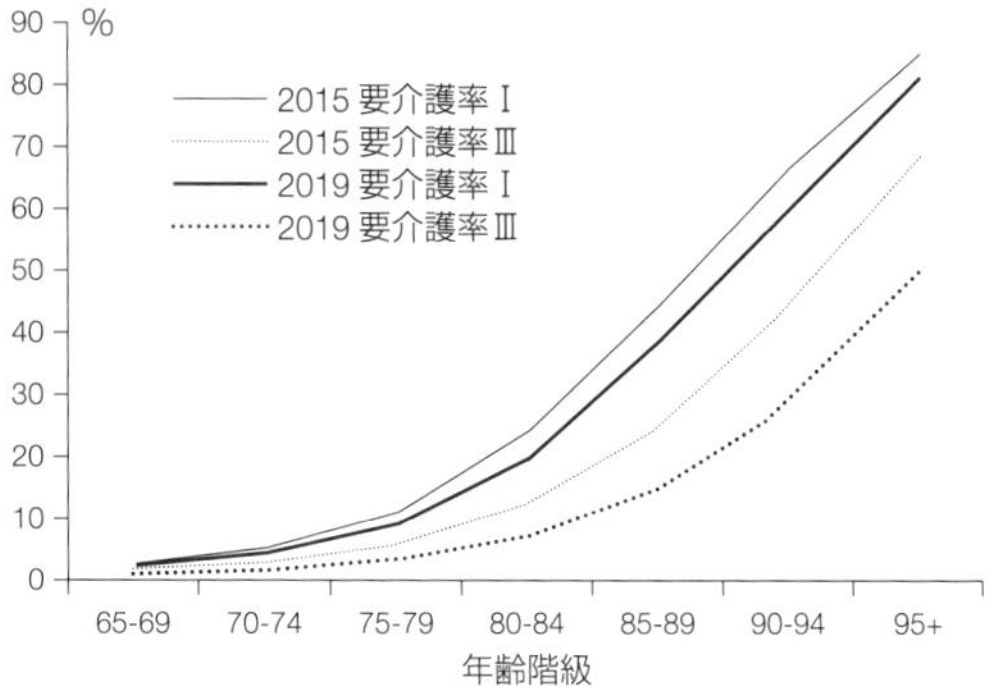

図1　年齢階級別要介護率：男女計、2015年と2019年

出所：介護給付費等実態調査より筆者作成

Ⅲでは65歳以上の要介護率は5・9%（男3・9%、女7・4%）となった。

図1は2015年と2019年における65歳以上の年齢階級別要介護率（男女計）を示したものである。要介護率Ⅰ・Ⅲともに全ての年齢階級で2015年に比べて2019年の要介護率は低下し、要介護率Ⅲでの低下幅はより大きかった。したがって、表1で観察した「要介護率は2015年をピークにそれ以降低下」していることが各年齢階級で、しかも要介護度の高いところでより多く起きていることが確認された。

3　要介護率の国際比較

表3は2017年における7か国の高齢者の要介護率と介護費[2]を比較したものである。この表では日本のデータは一部欠けているが、前述のように日本の65歳以上の

表3　7か国における高齢者の要介護率と介護費：2017年

（単位：%）

			フランス	ドイツ	日本	オランダ	スウェーデン	イギリス	アメリカ
65+	施設（病院を除く）	a	4.1	4.1	2.6	4.4	4.3	…	2.4
	在宅	a	6.0	11.5	…	8.6	11.9	…	7.5
	計	a	10.1	15.6		13.0	16.2		9.9
80+	施設（病院を除く）	a	…	11.0	7.3	13.4	12.7	…	6.1
	在宅	a	…	26.0	…	23.2	29.4	…	14.9
	計	a		37.0		36.6	42.1		21.0
施設介護の費用		b	192	232	194	320	293	195	124,199
介護費のGDP比（%）、2017		b	1.9	1.5	1.8	3.7	3.2	1.4	0.5

注1：a: OECD Health Statistics 2019. オランダ・アメリカは2016年。
　　b: OECD Health at a Glance 2019。
注2：施設介護の費用は退職者の中位所得に対する重度要介護の施設介護費（%）。
　　イギリスはイングランド、アメリカはカリフォルニア州124%、イリノイ州199%。

要介護率は14・1%、80歳以上は35・3%であった。

また、日本の介護保険では有料老人ホーム等は施設サービスではなく居宅サービスとして扱われているので、施設の率を比較する際は注意を要する。

この表から、先進各国は65歳以上（65＋）人口の10〜15%程度（80歳以上〔80＋〕では40%程度：アメリカを除く）が要介護状態であり、介護費にGDPの1・5〜3%台を使っているとみられる。そして、重度要介護者の介護にはどこの国でも費用がかかっている。

4　EBPMに向けて

人口高齢化が進展しているにもかかわらず、日本の65歳以上の要介護率は2015年をピークにそれ以降低下している。要介護率の低下は65歳以上の各年齢階級で起こり、要介護度の高いところで低下幅が大きかった。人口高齢化が最も進んでいる日本では要介護高齢者数が多いが、それは日本人が要介護になりやすいということを意味しているわけではない。年齢の上昇とともに要介護率が高まることは避けられず、国民一人ひとりの要介護にならない生活習慣が望まれる。「65歳以上人口の15％が要介護で、今後の人口高齢化によってこの率はさらに高まる」という見方も変わり得ることを念頭に、高齢者が要介護にならないような予防システムを構築して、高齢者の要介護率を将来に向けて低下させていくことが一番の〝高齢化対策〟である（府川 2018）。また、制度にそのような努力を支援するインセンティブを付与することが重要である。

介護費の増加は人口高齢化でどこの国でも避けられないが、その中で介護サービスの有効利用と介護予防に向けた努力が特に重要である。介護サービスの有効利用では、①施設サービスの需要が高まらないような環境整備、②独立系ケアマネジャーの促進、③保険料が上がらないようなサービス利用意識の啓蒙などが、介護予防に向けた努力では、①介護予防に関するエビデンスの蓄積、②介護予防についての普及・啓蒙、③介護予防のインセンティブの付与などが考えられる。

コラム④ 高齢者の住まい方と介護：地域包括ケアシステム

高齢者がどこで・どのような住まい方をし、どのように介護サービスを受けるかは1つの課題の両側面である。地域包括ケアシステムの構成要素として、「住まい」「生活支援」「介護」「医療」「予防」の5つが地域包括ケアシステムの対応すべき分野として特定されてきた。このため、医療制度においても在宅医療の推進が図られ、在宅療養支援診療所の活用など医療と介護の連携がますます重要になる。

地域包括ケアシステムは始まったばかりで、今後の発展のためには調整機能を果たす人材の養成・確保がキイ・ポイントとなる。できるだけ長く住み慣れた地域で暮らしたい高齢者にとっても、施設需要を減らしたい社会にとっても、地域包括ケアシステムの充実は望ましいものであり、やがては日本から世界に発信できるシステムに進化することを期待したい。

注

（1）日本の介護保険では65歳以上でみると、要支援は介護受給者の15％を占めていたが、介護費のシェアは5％未満であった。

（2）この統計では国によってLong-Term Care（social）が十分計上されていない。また、費用は必ずしも高齢者に限定されたものではない。

第4章の要点

・人口高齢化が進展しているにもかかわらず、65歳以上の要介護率は２０１５年度の14・９％をピークにそれ以降低下し、２０１７・２０１８年度は14・０％となっている。

・要介護率の低下は65歳以上の各年齢階級で起こり、要介護度の高いところで低下幅が大きかった。

・日本とドイツの公的介護保険制度には大きな相違点もあるが、両国の介護サービス利用者割合は同程度である。

・先進各国は65歳以上人口の10～15％程度（80歳以上では40％程）が要介護状態であり、介護費にＧＤＰの１・５～３％台を使っている。

・年齢の上昇とともに要介護率が高まることは避けられないが、国民一人ひとりが自立心をもち、高齢者が要介護にならないような予防システムを構築することが肝要である。

第5章 日本のセーフティネットの強さは

この章では日本のセーフティネットの事例として高齢者の相対的貧困率、生活保護の現状、低所得者支援、の3つを取り上げ、将来の現役層を養育している低所得世帯への支援策を一層強化するためさまざまな工夫をする必要性が極めて高いことを述べる。■

1 高齢者の相対的貧困率

1990年代より日本でも貧困率が上昇し、このため貧困の研究が活発化してきた。貧困の定義には絶対的貧困と相対的貧困があるが、先進諸国では**相対的貧困率**がよく使われている。ここでの相対的貧困率の定義は「等価可処分所得の中央値の50％を貧困ラインとし、貧困ライン以下の人数の割合」とする。図1はOECD Income Distribution Databaseを用いて、総人口の相対

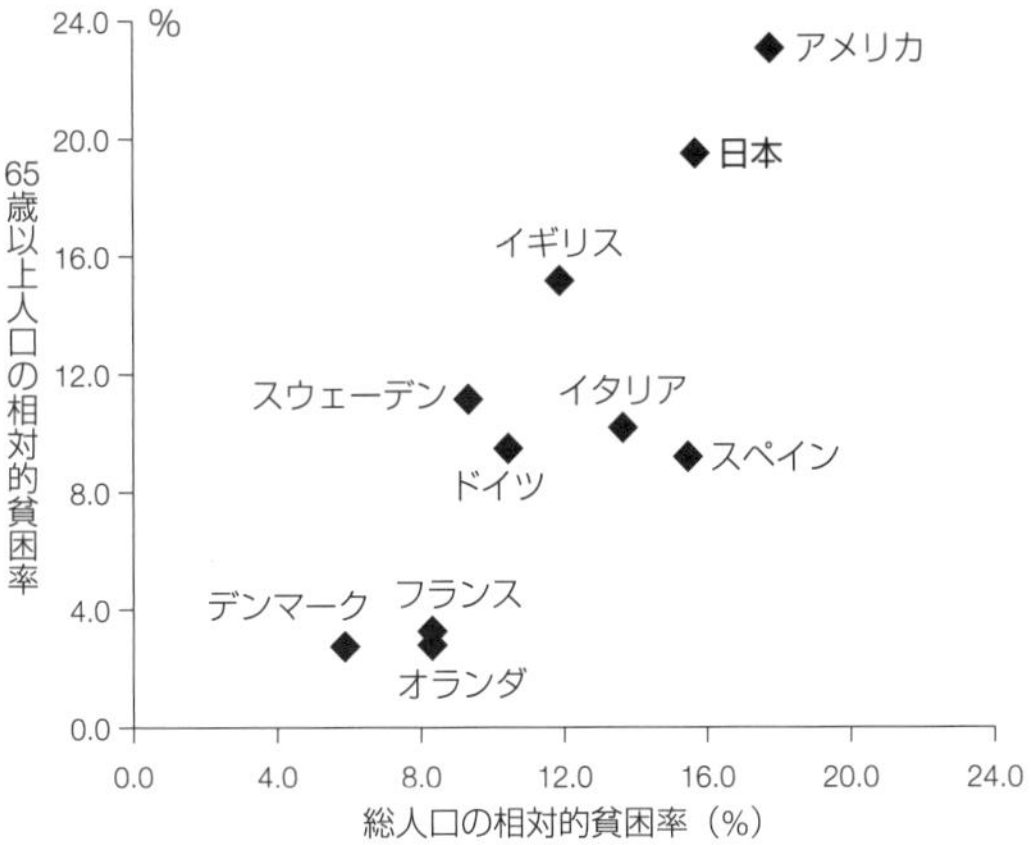

図1　先進諸国の総人口および65歳以上人口の相対的貧困率（可処分所得）：2016/17年

注：日本は2015年。
出所：OECD Income Distribution Database（Feb. 2020）

的貧困率を横軸に、65歳以上人口の相対的貧困率を縦軸にとって先進10か国を図示したものである。２０１５年における日本の相対的貧困率は総人口の15・7%に対して高齢者は19・6%と高く、フランス（総人口8・3%、高齢者3・4%）やドイツ（総人口10・4%、高齢者9・6%）に比べて年金制度による**高齢者の貧困**の解消は日本ではよく機能していないとみられる。図1によると日本以外にもスウェーデン・イギリス・アメリカで高齢者の方が総人口より相対的貧困率は高い。基礎年金で**所得再分配**を行っている日本、賃金水準に応じて代替率を変えて所得再分配を行っているアメリカ、公的年金の役割を低所得者に集中させているイギリス、この3か国では高齢者の相対的貧困率が総人口より3%

ポイント以上高く、高齢者の貧困問題の解決が求められている。その解決策としては貯蓄の奨励、高齢期の就業、最低保証年金の導入などがあげられる。

2 生活保護の現状

生活保護制度は憲法第25条の理念にもとづき、何らかの原因で貧困に陥り、自力では生計を保持できない人々に対して、国の責任において、健康で文化的な最低限度の生活を保障するとともに、その自立を助長することを目的としている。現行生活保護法は1950年に公布・施行されている。生活保護の基本原理は①国家責任、②無差別平等、③最低生活保障、④**補足性**の原理、である。したがって、生活保護は資産、能力等あらゆるものを活用してもなお生活に困窮する者を対象に、一定の基準で計算される最低生活費から収入を差し引いた差額が保護費として支給される。どんなに低所得の人でも生活保護を申請しないと生活保護は受けられない（申請保護の原則）。そのため、生活保護がそれを必要としている全ての人々に届いているかどうかという**捕捉率**の問題が発生する。

生活保護を受けている世帯・人員は、高齢化の進展や景気後退の影響を受けて1995年度の88・1万人を底に、その後は増加傾向で推移している（表1）。2011年7月には被保護者数

表1　生活保護を受けている世帯・人数の推移

年度	生活保護を受けている世帯数（万世帯）					生活保護世帯の割合（%）			被保護実人員	
	総数	高齢者世帯	障害者・傷病者世帯	母子世帯	その他の世帯	総数	高齢者世帯	母子世帯	万人	総人口に対する割合（%）
1980	74.5	22.5	34.3	9.6	8.1	2.1	13.4	21.8	142.2	1.21
1985	77.9	24.3	34.9	11.4	7.3	2.1	11.1	22.4	142.8	1.18
1990	62.2	23.2	26.7	7.3	5.1	1.5	7.5	13.5	101.2	0.82
1995	60.1	25.4	25.3	5.2	4.2	1.4	5.8	9.8	88.1	0.70
2000	75.0	34.1	29.1	6.3	5.5	1.6	5.4	10.1	107.1	0.84
2005	104.0	45.2	39.0	9.1	10.7	2.1	5.4	12.1	147.3	1.15
2010	140.5	60.4	46.6	10.9	22.7	2.7	5.9	14.0	194.6	1.52
2015	162.1	80.3	44.2	10.4	27.2	3.0	6.3	13.8	216.4	1.70
2016	162.8	83.7	43.0	9.9	26.3	3.1	6.6	13.1	214.5	1.69
2017	164.1	86.5	42.0	9.2	25.6	3.1	6.8	12.2	212.5	1.68

注：各年度の平均値。保護停止中は除く。
出所：厚生労働省 福祉行政報告例、2012年度以降は被保護者調査

は205万人となり、過去最多だった1951年度の204・7万人を超えた。生活保護受給者数は2015年3月をピークにそれ以降減少し、2017年度の生活保護受給者は164・1万世帯、212・5万人であった（年度平均、保護停止中は除く：2019年12月は163・7万世帯、207・1万人）。生活保護を受けている人数の総人口に占める割合（保護率）も1995年度の0・70％以降徐々に上昇し、2015年度は1・70％に上昇したが、その後やや低下している（図2）。また、保護率には依然として大きな地域差がある。

　被保護世帯の世帯類型別構成比をみると、高齢者世帯が53％、障害者・傷病者世帯26％、母子世帯6％、その他の世帯16％で、1995年以降は高齢者世帯が最も多いが、近年は「その他の世

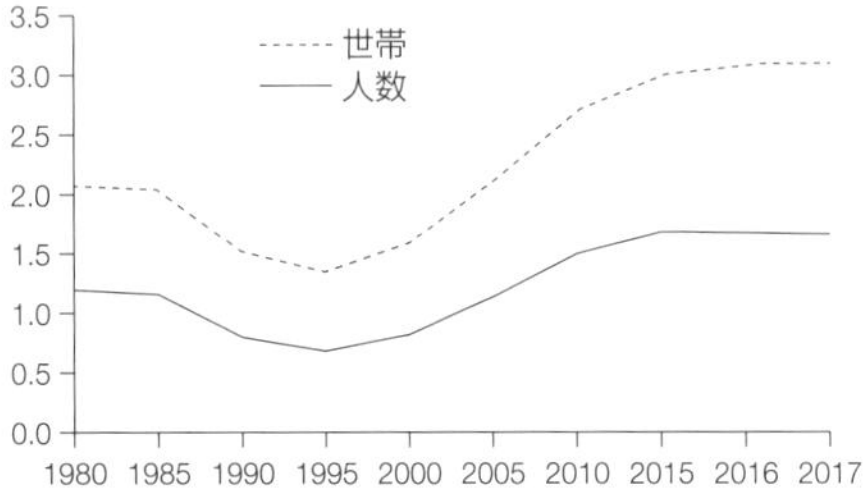

図2　生活保護を受けている人・世帯の総人口・総世帯に占める割合

出所：表1より作成

帯」の増加が顕著であった（表1）。生活保護を受けている世帯の割合は、2017年度で総世帯では3・1%であるが、母子世帯では12・2%と高い率になっている。

コラム⑤　生活保護法の改正

生活保護法は2013年12月に不正受給対策や扶養義務の強化などの観点から初めて改正され、就労自立給付金の創設、福祉事務所の調査権限の拡大、医療扶助の適正化のために指定医療機関制度の見直し、などが行われた。2018年6月には生活保護世帯の大学進学支援を柱とする生活保護法など関連4本の改正法が成立した。生活保護世帯の子どもが大学などに進学する際に、新生活の準備に必要な費用として最大30万円を支給し、子どもの貧困対策を拡充する。また、生活保護世帯には価格の安い後発医薬品の使用を原則とする。

近年では生活保護基準と基礎年金の関係も問題とされるようになった。生活保護は「最低生活の保障」、老齢年金は保険料納付に対する反対給付（生活の基本的部分を賄う）という制度の目的の違いはあるものの、保険料の納付が求められる基礎年金給付より高い生活保護費が受けられるというのであれば、国民の保険料納付意欲を阻害すると考えられる。このため、生活扶助費と一般の低所得層の生活費を比較して、生活扶助基準の見直しが行われている。生活扶助基準の見直しにあたっては、生活保護受給者および一般低所得世帯への影響を慎重に配慮する必要があり、生活保護には生きてゆくための**最後の砦**としての役割があるため、日本の生活保護がそれを必要としている人々に届いているかどうかの検証も必要である。

3 低所得者支援

日本の総人口の相対的貧困率が先進諸国の中で高いのは、日本のジニ係数（所得格差を表す指標）が高い（つまり、格差が大きい）ことと大いに関連している。日本のジニ係数が高くなった要因は、①高齢者の増加（高齢者の多くは引退している）だけではなく、②非正規就業の増加等による低所得者の増加、③低所得者支援の手薄さ、などがあげられる。低所得世帯に暮らす子どもが貧困の連鎖に陥りやすいことが大きな社会問題となり、近年では生活保護制度において大学等への進学に対する支援を実施したり、**生活困窮者自立支援制度**において子に対する学習支援の強化を実施したりしている。さらに、生活保護・失業給付・子育て支援などさまざまな個別の所得保障をまとめて包括的に最低限度の生活を保障するため国民一人ひとりに一定額の現金を給付する**ベーシックインカム**という仕組みに関心が高まっている。

暮らしに困っている人々が抱える課題は、経済的な問題に加えて社会的な孤立などがあり、それらが複雑に絡み合った場合もある。複雑な課題を抱えて現行の制度だけでは自立支援が難しい人に対して、生活全般にわたる包括的な支援を提供する仕組みを整備するため、生活困窮者自立支援法が２０１３年に成立し、２０１５年４月から支援制度がスタートした。

新制度においては、全国の福祉事務所設置自治体が実施主体となって、官民協働による地域の支援体制を構築し、自立相談支援事業、住居確保給付金の支給、就労準備支援事業、一時生活支援事業、家計相談支援事業、学習支援事業その他生活困窮者の自立の促進に関し包括的な事業を実施する。このうち自立相談支援事業と住居確保給付金の支給は必須事業として位置づけられている。生活困窮者自立支援制度は「現在は生活保護を受給していないが、生活保護に至るおそれがある人で、自立が見込まれる人」を対象に、困りごとにかかわる相談に応じ、安定した生活に向けて仕事や住まい、子どもの学習などさまざまな面で支援するものである。生活保護から脱却した人でも、再び最低限の生活を維持できなくなることがないよう支援の対象となる。

日本でもセーフティネットに対する不安の高まりから、その解決策の1つとしてユニバーサル・ベーシックインカム（ＵＢＩ）に関心がもたれている。ＵＢＩは全ての国民が所得や資産などにかかわらず一定額を国から受け取れる仕組みを指す。人口知能（ＡＩ）やロボットによる自動化やグローバル化で雇用が奪われ、貧富の差がさらに拡大する懸念をＵＢＩが緩和してくれるという期待もある。しかし、一般的にＵＢＩの導入には莫大な財源が必要になり、さまざまな問題も付随する。例えば、２０１９年の日本の総人口1億２６００万人に1人月額10万円を給付するには年に１５０兆円の予算が必要になる。これは２０１９年度の国の予算の１・５倍に相当する。これだけの予算を使って得られるメリットを考慮すると、そう簡単にＵＢＩの導入を主張することはできない。また、個別の政策課題には個別の制度で対応した方が効率はよく、ＵＢＩで代替するのは極めて不効率ということになる。

ＵＢＩより現実的な政策として**給付付き税額控除**があげられる。**所得控除**は高所得者の税負担軽減効果が大きいが、税額控除は全ての人に同額の税額が控除されるので、相対的に低所得者に有利な控除制度となる。さらに、本来の税額よりも控除する税額のほうが大きい場合にその差額を納税者に給付する仕組み（給付付き税額控除）にすれば、低所得者も高所得者と同額の税負担軽減効果を享受できる。給付付き税額控除には、勤労所得と連動した税額控除の例としてアメリカのＥＩＴＣ（Earned Income Tax Credit）やイギリスのＷＴＣ（Working Tax Credit）が、母子家庭の貧困対策や子育て家庭への経済支援を目的とする児童税額控除の例としてイギリスのCTC（Child Tax Credit）が、消費税の逆進性対策として導入されたカナダのGSTC（Goods and Services Tax Credit）があげられる。イギリスの**ユニバーサル・クレジット**は生産年齢層の低所得者を対象とし、これまであった6つの給付と税額控除をまとめたものである。経済開発協力機構（OECD）のシンクタンクは、フィンランドでベーシックインカムを導入すれば所得税をほぼ30％増やす必要があり、所得格差が増大して貧困率が現在の11・4％から14・1％に上昇し、対照的にユニバーサル・クレジットを導入すれば貧困率は9・7％になり、給付システムにおける複雑さも軽減されるとしている（Laurence 2018）。給付すべき税額分を社会保険料に充当する仕組みは、すでにオランダなどで導入されている。低所得者をセーフティネットのなかにとどめるためにも、社会保険料負担を税額控除によって相殺するという仕組みは日本でも導入の可能性を検討すべきである（小塩 2014）。

コラム⑥ 社会保障給付費

今日、日本の社会保障給付費は高齢者に偏っていることが問題視されている。確かに、家族政策や福祉に対する給付は手薄であり、いわゆるワーキング・プアと呼ばれる人々への支援もさらなる拡充が望まれる。しかし、「日本の社会保障給付費が高齢者に偏っている」ということは、家族政策・福祉・積極的労働政策などに対する支出が少ないことの結果であり、必ずしも高齢者に対する給付が過剰であることを意味しない。

4 EBPMに向けて

先進諸国の中で日本の社会保障の規模は高齢化が進んでいる割には相対的に小さい。しかし、介護保険の導入に象徴されるように、家族の生活保障機能は年々低下し、国際競争にさらされている企業は生き残りのためにコスト削減に努め、職域福祉の役割も変化せざるを得ない。退職所得の選択肢として高所得者は投資（特に住宅投資）、中所得者は個人年金や企業年金が重要で、低所得者は国の年金に頼らざるを得ない。高齢期の所得源の1つとして稼働所得が見直されているが、日本の50歳以上の労働力率の高さは大きな社会的資産である。負担の限界あるいは企業の国際競争力の観点から、ヨーロッパ諸国やアメリカではすでに保険料率の引き上げが選択肢ではなくなっている。一方、日本では保険料率がまだ低いにもかかわらず、その引き上げに対する国民の抵抗が強い。「最低限の保障に関する部分について国が責任をもてばよく、それ以上の部分については国が口を出すことはない」という議論があるが、公的制度の機能・役割について国民の合意が形成されるよう、エビデンスに基づいた議論が必要である。

日本では非正規就業の増加をはじめとして現役層を取り巻く社会経済環境は悪化しており、現役の低所得層支援策を一層強化するため給付付き税額控除を導入する必要性が高まっている。非正規雇用者など低所得層をセーフティネットの枠内にとどめる方策は重要であり、低所得層の社会保険料を公費によって補助する仕組みが必要である（公費の投入は、低所得者の社会保険料支援と連帯給付財源に限定する）。現役層向けの社会保障としては、子育て支援の拡充も不可欠である。社会保障がその財源を現役層による保険料・税負担に多くを依存する以上、将来の現役層を養育している世帯にはそうでない世帯よりも公的な支援が及ぶようにする必要がある。さらに、現役層が直面するさまざまな社会的リスクを軽減するためには、若年層の就業支援や雇用システムの改革も求められる。非正規雇用者に対する賃金・処遇面での差別を改めるほか、企業以外の場における職業訓練・資格認定も公的に提供する必要がある。これらの政策は、狭い意味での社会保障政策ではないが、社会保障がカバーする社会的リスクを軽減し、社会保障制度の持続可能性向上に寄与する。社会保障制度の持続可能性が高まれば、ＵＢＩへの期待も薄れる。

移民問題に悩むヨーロッパ諸国でその解決策を探しあぐねてＵＢＩの導入を模索することは理解できる。日本では人口高齢化とそれによって引き起こされる社会保障の財源不足こそ大変深刻な問題であるが、移民問題ではヨーロッパ諸国とまだ状況は大分異なる。人工知能（ＡＩ）やロボットが普及すると従来型の雇用が奪われる可能性があり、そのような失業者にＢＩを給付することは選択肢として考えられる。さらに、働き方や労働に対する価値観が根本的に変わってきたらＵＢＩの導入が良い選択肢になる可能性はある。しかし、現状では対象の選別が必要な制度は行政コストがかさむからといって、包括的に全員を救済するほうが早いと簡単に結論づけることはできない。対象を限定しないＵＢＩの導入には莫大な財源が必要になり、そのコストに見合ったベネフィットが得られる見通しはまったくたっていない。

第5章の要点

・2015年における日本の相対的貧困率は総人口の15・7%に対して高齢者は19・6%と高く、フランスやドイツに比べて年金制度による高齢者の貧困の解消がよく機能していない。
・生活保護受給者数は2015年3月をピークにそれ以降減少し、2017年度における保護率は総人口の1・7%、総世帯の3・1%であったが、**申請主義**のもと生活保護が必要な人に必ずしも届いていないという捕捉率の問題が指摘されている。
・社会保障はその財源を現役層の税・社会保険料負担に多くを依存しているため、将来の現役層を養育している低所得世帯への支援策を一層強化するためさまざまな工夫（給付付き税額控除はその1つ）をする必要性が極めて高い。
・フィンランドでベーシックインカムの導入実験が行われたが、ユニバーサル・クレジットの方が優れているという報告もある。
・公的制度の機能・役割について国民の合意が形成されるよう、エビデンスに基づいた議論が必要である。

第6章 社会保障と倫理

社会保障にもさまざまな倫理問題が内在している。この章では人口における倫理問題、少子化抑制戦略に関わる倫理問題、および社会保障一般における倫理問題について2、3の論点を考察する。■

1 人口増加抑制努力と倫理

今日、発展途上国は高い出生率に苦しみ、先進国の多くは低い出生率に悩んでいる。人口増加は経済発展を阻害すると見られがちであるが、反対のケースもある。貧困層でも低い出生率に至ることは可能であり、それは識字能力を高め平均寿命を伸ばすことにつながる。高い出生率をもつ途上国の女性は平均して子どもを希望よりも2人多くもつと報告されている（UNFPA 2004）

ため、経済環境を変化させれば出生率の低下が期待される。しかし、（急激な）人口増加が人類社会にどんな問題を引き起こしているかという議論は、道徳原則や倫理問題を避けて通れない。

（1）出生率低下への努力

世界の人口は1960年の30億人から2000年には60億人を超え、2050年には90億人ほどになると予測されている（UNFPA 2004）。発展途上地域の出生率（TFR）は**人口爆発**の恐怖が表面化した1960年代の6・0から2000〜2005年には2・9に減少した。近年の出生率低下にもかかわらず、ほとんどの発展途上国で人口は増加し続けている。低下した出生率でも人口の安定化に必要な水準（女性1人につき子ども2・1人）よりおよそ40パーセント高い。この状態が続く限り人口増加は継続する。公衆衛生の向上や清潔な給水、医療技術の進歩や医療サービスへのアクセス拡大、良好な栄養状態や生活水準の上昇等が死亡率を下げて平均寿命を伸長させ、死亡率の低下は今後も続くと考えられる。仮に出生率が今すぐ**人口置換水準**の2・1となり、死亡率は一定で移民が存在しなかったとしても、「人口慣性」のため今後20〜30年は人口増加が継続する。人口慣性は将来の人口増加予測のおよそ半分のウエイトを占めている。

一般に発展途上国では西洋で起きた**人口転換**[1]が必ずしも進んでいない。国の人口抑制政策は人口倫理に関する最も激しい議論を巻き起こす。膨張する人口を抑えるため厳しい人口抑制が必要であるとする主張がある一方で、強制手段の行使や厳しい圧力は人権の侵害であるという反論がある。家族計画プログラムの本来の役割は、避妊と中絶を通じて家族規模を小さく維持しようとする両親のために意図しない出産を減らすことにある。家族計画プログラムは開発途上国において極めて重要であるにもかかわらず、出産行動に変化をもたらす唯一の要因ではなく、また主因ともいえない。ほとんどの研究者は社会経済的変化が出産行動の変化の主な原動力だと考えている。

伝統的な農業社会が近代産業社会に変化する際、両親にとって子どもにかかるコスト（例えば教育）や子どもの価値（例えば労働力や老後の安心感としての）の低下が家族規模の望ましい縮小をもたらす。さらに、幼くして死亡する子どもの数が少なくなれば、十分な子ども数（家業の助けや老後の支えのために）を確保するために子どもを多めに生む必要はなくなる。非自発的な方法による人口増加制限政策に替わって、経済発展が低い出生率をもたらすことに着目し、農業経済から工業経済への移行、インフラ整備、輸出の促進、女子の教育の充実や経済的立場の改善など、マクロ経済のあり方の変更が重視されるようになった。このような経済発展モデルは人口を直接管理したり個人の出生力を制限するのではなく、人々の生活環境をよりよい方向に変えることが目的であり、それが子どもを少なくもつ結果になる。1994年の国際人口開発会議で**リプロダクティブ・ライツ**は基本的人権、持続可能な開発、ジェンダーの平等、および女性のエンパワーメントの中核をなすという合意が生まれた（UNFPA 2005）。リプロダクティブ・ヘルス・モデルは近代的な避妊へのアクセスだけでなく、医療・教育などを含むあらゆる種類の出産に関わる保健医療を提供する。不本意な利用者にサービス提供者の考え方を押し付けるよりも、未だ対処できずにいる避妊需要に対応するよう考案され、現在多くの国々で取り上げられている[2]。

(2) 人口政策[3]

人口問題の議論を左右する道徳原則は、環境汚染防止、現在の環境容量の中での人口規模の保持、経済成長の促進などを含んでいる。人口問題が存在するという主張の全ては、人口過多あるいは人口過少とある価値判断との関係を示す理論や概念枠を伴う。人口問題の議論においては、その分析の倫理的、社会的、政治的な価値基準を明確にする必要がある。これは分析する地域の人口規模また研究者の人口過多・過少・適正の判断にかかわらない。しばしばこの価値基準そのものが明に暗に、経済成長の促進、環境保護、地域人口の減少の阻止、主要民族の人口増加や小数民族の人口の変化、地域住民への学校教育や他の社会福祉の安定供給などを含んでいる。結論は研究者の推測に基づく判断ではなく、理論や概念の枠組みで関連があると考えられるものは全て適用し、証拠を客観的に比較研究し、分析が裏づけることのできる結論のみを導き出さなければならない。つまり、イデオロギー的先入観によって結論を導いてはならない。これらの基準を満たしてはじめて、より厳密で偏向が少なく、そしてより比較可能な人口問題の議論を構築することができる。

現世代の将来世代に対する義務についての疑問もある。現在生きている人々が世界環境を保護し、将来の社会と個人に現在と同じ資源と健康を受け継がせる義務があるかどうかの答えは単純ではない。時間の経過とともに新しい問題も起こっている。しかし、現世代は将来世代の健康と福祉に損害を与えそうな人口政策を導入したり容認したりする権利はない。これには環境汚染、森林伐採、劣悪な公衆衛生などを引き起こす行動も含まれている。

人口政策の倫理的評価に**世界人権宣言**に基づいた生命・自由・福祉・公正という4つの原則が提案されている。「生命」は単に生きるというだけでなく、健康を享受し、死・病気・激しい苦しみ・身体の障害の原因となる第三者の行動から適切に身を守ることである。「自由」は意見を反映する選択の幅と機会、そしてそれに基づく行動を指す。自由を享受するためには自分が利用できる範囲の選択についての知識を必要とする。「福祉」は食料・衣料・住居・保健医療・教育が十分に提供される生活水準を意味する。社会的・経済的・文化的発展（人口政策はその一部であるが）の主要目的は人々の生活水準と生活の質を向上させることである。「公正」は人口政策から利益と不利益を公平に配分されることを指す。これは利益・不利益を同じ分量で配分するのではなく、人口政策が特定の個人やグループに偏った利益や不利益を配分しないよう要求するものである。さらに真実の告知をそれ自体が重要であり、また、先にあげた4つの原則の前提条件と位置づけ、5つ目の原則として加えられている。「真実の告知」は人口政策に関する正確な情報を伝え、嘘、誤認、歪曲、そしてその内容・実施・結果についての言い逃れを避けることである。これらの原則が矛盾する場合は生命が最優先される。

国際的に認められている人権を基準とした枠組みの規範は、人口問題に関わる複雑な倫理問題に単純な答えを提供していない。しかし、政治、宗教、倫理、文化に関して大きく異なる意見をもつ人々に倫理に関する議論の基盤を提供する。この基盤がなくては人口政策やプログラムに関する真面目な分析や、なすべきこと・なすべきでないことについての持続可能な同意に達することはできない。

2　少子化抑制戦略

途上国の人口増加とは正反対に先進国の多くは出生率が低く、一部の国では人口置換水準をはるかに下回っている。人口置換水準を下回る社会は〝灰色〟といわれるが、それは低い出生率と長い平均寿命によって子どもが少なく老人が多い社会になり、このような人口構成によって社会保障をはじめ社会システム全体が圧迫されるためである。出生率を高めるという文脈の中で生じる倫理課題は、結婚・出産に対する国の関与の在り方、子育て支援策、移民政策、などである。

少子化抑制戦略の基本的な方向は、若年層の雇用環境の改善、**就業と育児の両立支援**、子育ての費用負担の軽減、女性の出産・育児にともなう機会費用の軽減、などである。非正規雇用の増加が非婚化・晩婚化の要因になっているため、若年層の雇用環境を改善すれば（例えば、若年層に多い非正社員の正社員への転換促進）、若年層の晩婚化・非婚化が減少すると期待される。就業と育児の両立支援策としては、勤務形態に応じ保育所の受け入れ時間に柔軟性をもたせた保育所サービスを拡充したり、受け入れ児童数を増大させたりすることなどが重要になる[4]。子育ての直接的費用[5]のみならず、間接的費用（女性が出産し退職することで失う将来の収入：**機会費用**[6]）を軽減することも重要であり、そのためには企業の雇用パラダイムの転換（正社員と非正社員の間の雇用条件の格差縮小、長時間労働の見直しなど）が必要である。企業の競争力の維持・向上と少子化抑制戦略を両立できるような雇用制度の整備が求められる。ちなみにＯＥＣＤ（2005）は日本が適切な政策を実施すればＴＦＲが２・１まで回復する可能性があると指摘している。

（1）就業と育児の両立支援

育児に対する考え方はそれぞれの社会の価値観を反映したものであり、育児を社会の責任とする北欧型、貧困家庭への支援を中心とするアングロ・サクソン型、育児を社会的リスクととらえ社会保険を基本として対処しているフランス型、育児の基本を家庭での養育におくドイツ型、など多様な型がある（白波瀬 2002）。子育て支援策についても、子育ての直接的コストの負担を軽減するためにさまざまな家族給付を支給したり、育児休業制度や税制上の優遇措置を充実させたり、就業と家事・育児の両立支援に力を入れたり、と各国で多様な施策が展開されている。しかし、出生率を回復させるという「**少子化対策**」を明示している国はあまりない。スウェーデンは男女平等政策の枠組の下で各種施策を実施し、フランスは家族政策や税制において伝統的に出生促進的な立場をとっているが、少子化対策という言葉は使われていない。日本で論じられている「少子化対策」は、他の先進諸国では子育て支援あるいは就業と育児の両立支援という文脈で捉えられている（浅子ら 2002）。

日本は子育て支援策で他の先進国に比べて極端に遅れており、育児コストの負担（直接的費用および逸失利益）が大きいことが日本の低出生率の重要な要因であることは確かである。育児の直接的費用を軽減する政策の背後には全ての子どもに健康で文化的な生活を保障すべきだという考え方があり、出産・育児による機会費用を低下させる政策の背後には男女を問わず全ての国民に均等な機会を保障すべきだという考え方がある。日本における今日の深刻な少子化問題を解決するためには、日本社会のあり方に関する上記の理念を家族政策・税制・社会保険・雇用などの各制度のなかに具体化するアプローチが必要であり、浅子ら（2002）はその主な方向として次の

3点を指摘している。

・社会システムの中で女性の結婚・出産・育児に対する機会費用を高くしている仕組みを抜本的に是正する。
・育児に係る直接的コストのうち基礎的部分は社会全体で負担する。
・国民生活に関して諸制度が特定の家族類型を前提とせず、できるだけ個人の選択を尊重する柔軟な社会を目指す。

(2) 移民[3]

移民受け入れも少子化抑制手段の1つであるが、移民・難民政策も倫理問題を提起している。出産や死亡と違って移住は生物学的過程ではなく、多くの場合は明らかに政治的である。移住には常に人々がそこを去りたがる〝押し出し〟要因と、人々を引き付ける〝引き付け〟要因の両方が絡み合っている。国際的な移住は国境と社会共同体に関する倫理、人権の本質と限界、人々がよそ者を自身の共同体に受け入れるという道徳上の義務について根本的な倫理問題を投げかける。移民労働が地元市民の就業に与える影響に関して、移民賛成派と反対派で意見は大きく分かれる。移民反対派は移民労働が最も貧しい地元市民のグループに取って代わり、賃金を引き下げると主張する。一方賛成派は、移民は地元市民が単調で退屈であると考える仕事（家事手伝いや厳しい農作業など）に就き、また消費者としても経済に貢献していると主張する。移民がどの程度その地域の社会サービスにとって負担となるか、ということも議論の的である。特に言葉の問題や文化の違いによる教育制度への負担である。人口増加率の低い国々では、老人医療や社会保障などのプログラムのための納税者となる移民が必要になるという見方もある。移民に批判的な人々は、多すぎる移民はその社会固有の生活様式を脅かしたりアイデンティティや社会構造を弱体化させたり破壊したりすると主張する。必要と見なされたときには労働者を国内に連れて来るが、〝外国人〟が根を下ろした後では彼らとの関係を断ち切ることができなくなっている。

大きな不利益やコストを伴うと見なさない限りは誰も移民に反対しないが、ある一定の水準に達すると移民は大きな経済的・社会的・文化的なコストを伴う。移民・難民を受け入れる先進国は発展途上国に対して倫理的な義務を負っている。しかし、その義務の程度および義務を果たすのに移住という手段が効率的かどうかについては大きな疑問が残っている。

3　社会保障と倫理問題

社会保障の中にもさまざまな倫理問題が存在しているが、ここでは医療の倫理、所得格差、企業の倫理における2、3の論点を議論するにとどめる。

(1) 医療の倫理

患者の自己決定権は人格権として侵すことのできない権利であるとされている。自己決定のためにはインフォームド・コンセントが不可欠である。インフォームド・コンセントとは「患者に前もって当該医療行為の利点と危険性を説明して患者の理解を求め、患者が納得して当該医療行為を受ける同意をしなければ、その医療行為を実施してはならない」ということである。医療の倫理が問題となる深刻なケースは終末期医療（尊厳死、脳死、など）、臓器移植、クローン技術の人への応用、等々であるが、医療サービス提供のさまざまな局面で倫理問題は発生している。その例としてよく知られているのは「混合診療の解禁」や患者の自己負担引き上げが低所得者の受診抑制をもたらすかどうかである。軽症の患者が入院しているために重傷の患者の入院を受け入れることができない「**病床ブロック**」や患者と医療機関のミス・マッチなども倫理問題を含んでいる。

良質で効率的な医療を提供するシステムを構築する上で患者の参加は欠かせない。患者参加の土台としては患者の権利に関する規定が重要である。患者の権利の内容としては、的確・妥当で現状において最も科学的かつ正当性のある治療を受ける権利、インフォームド・コンセント、患者への情報開示義務、医師の守秘義務などがある。真実の告知は医療行為に関する正確な情報を伝え、嘘、誤認、歪曲、そしてその内容・実施・結果についての言い逃れを避けることである。

真実の告知は患者の権利が守られるための前提条件である。副作用などの情報等、インフォームドチョイスのための情報を与えられないことによって患者は大きな不利益を被ることになる。

(2) 所得格差

「少ない人口と高い生活水準」か「多くの人口と低い生活水準」かの選択は古くから存在する問題である。少ない人々がより多く消費することは、多くの人々が少なく消費するよりも地球規模の環境にとっては好ましいことではなく、たとえ環境への影響が同じであったとしても倫理的にみて妥当性が低いと考えられる。一方で、特定の集団に無条件に一定の給付を行うという考え方は、多様な人種の社会的統合を促進する手段としては考えられるが、究極のモラルハザードを引き起こす仕組みとして問題をはらんでいる。

先進諸国と比べて日本の所得分配は不平等なのか？　その原因は何か？　という問いはもちろん重要であるが、日本は自己責任と社会連帯のバランスにおいてどのような社会を目ざすのかという問いの方がより本質的である。格差の問題は社会支出の大きさとその配分に関わっている。社会支出の大きさは受け手の側の**給付の十分性**と担い手の側の**負担の許容性**とのバランスにおいて決められる。社会支出の配分はどのような所得再分配機能をもたせるかが最大の焦点である。規制緩和と格差拡大は、関連はあるがそれぞれ独立の軸である。フリーターやニート（NEE

T）の増加は大きな問題であり、若年層における格差拡大の大きな要因と考えられる。不効率をなくすという意味でより「小さな政府」を志向することと、**セーフティネット**を縮小することとは全く別のことである。さらに、セーフティネットという言葉も多様に使われている。生活保護や失業保険は狭義のセーフティネットであるが、医療保険や年金保険は普遍的な社会システムである。市場所得の格差拡大が大きな問題となっているが、市場所得の格差を是正する所得再分配政策が十分機能していないことも同様に問題である。所得再分配政策が機能しているという前提の上で、市場所得におけるある程度の格差は経済成長のために許容される、というのが一般的な理解である。

（3）企業の倫理

出産・育児によって女性が就業を中断するときに逸失利益が生じるが、その程度は国によって異なり、育児サービスが女性のフルタイム就業を十分にサポートできない国では出産・育児による逸失利益は大きいと考えられる。雇用や社会保障システムの改革によりこの逸失利益を抑制することが重要である。片稼ぎ世帯をモデルとして企業への帰属意識を培養してきた日本企業の賃金体系には勤続年数重視、都市部ホワイトカラー層で特に長い労働時間、賃金水準・昇進・待遇面での男女格差、パートタイムとフルタイムの間の大きな賃金格差などの問題点があり、これらが日本では大きな少子化促進要因として働いている（井口・西村 2002）。「同一労働には同一賃金を」、「同一賃金には同一保険料を」、「同一保険料には同一給付を」というのが先進国のノルムであろう。同一労働に対して賃金格差があり過ぎることは倫理に反する。労働市場の規制緩和で非正規労働が増えたのは、必要な政策を package で実施しないからである。ただし、社長と従業員平均の報酬格差が10倍の国と５００倍の国では社会の構造が大きく異なり、その違いは倫理問題にも大きな影響を及ぼす。

企業の社会的責任は第一義的には雇用の確保（被用者への給料支払いを含む）と法人税の支払いといえるが、〝雇用の確保〟や〝法人税の支払い〟の内容は多岐にわたっている。国際競争が激化する中で賃金付随コストへの関心が高まっているが、そもそも若年労働者を正規に雇用すること（あるいは処遇面で正規と非正規の差をなくすこと）は今日でも企業の社会的責任の１つである。近年、企業は社会保険料の増加に伴ってその事業主負担分が増加することに大きな懸念を表明している。日本では社会保険料は事業主と被用者の間で折半されている。物品税の分析で得られた知見[7]によれば、社会保険料負担の帰着は企業の労働需要と労働者の労働供給のどちらが賃金率変化により敏感なのか、ということに依存する。長期で見ると、企業はとりわけグローバル経済では海外に移動することができるので、より敏感でかつ柔軟だということである。この結論の含意は、被用者が社会保険料の多くを負担するということである。仮に社会保険料の事業主負担分に関する帰着が全て賃金であるとすると、それを事業主から徴収するか、事業主負担分を賃金に上乗せして社会保険料を全額被保険者から徴収するかは、個人の負担という観点からは大差ないものとなる。近年では、〝雇用の確保〟や〝法人税の支払い〟のほかにも企業の社会的責任が問われている（例えば、地域社会との共存、環境への配慮などでＣＳＲと呼ばれている）。社会連帯と個人の自己責任はそのバランスが重要である。企業はその社会的な制約の中で合理的な行動を取っているものであり、企業が正しいインセンティブに直面することが極めて重要である（府川 2006）。

コラム⑦ 推計とその検証

推計結果には興味をもたれることが多いが、その検証結果（もし検証されたとして）に対する関心は低いことが多い。このことは、国の予算編成はニュースとして大きく報道されるが、決算はあまり報道されないことにも表れている。２０１１年の東京電力福島第一原発の事故に関しても、政府事故調・国会事故調・民間事故調と３つの原発事故調査委員会がつくられ、事故から１年４か月後に報告書が出そろったが、１つの権威ある原発事故調査委員会による検証という姿にはほど遠いものであった。

不十分な情報をもとに推計せざるを得ないこともある。将来推計の場合は、いずれ結果が判明するので、時間差はあるものの検証は可能である。しかし、日本には第三者評価の文化があまり根づいていないので、「推計結果を検証することは当然である」という感覚がない。政策決定に際しても、後で決定の責任を問われることはないと思えば、その時に得られた情報とエビデンスに基づいた最良の決定をしなければならないという責任感がうすれてしまうこともあり得る。権限は責任を全うするために行使するものであるにもかかわらず。

日本人にはもともとpublicやjusticeの概念が乏しかった。原因をとことん究明するよりは曖昧なままにとどめることに適した日本語を操り、和を重んずる伝統に浸り、日本人は権限の行使に対して責任を追及してこなかった。その結果は国民に対するaccountability（説明責任）の希薄化をもたらす。

推計結果を発表することは自由である。しかし、結果が事実と乖離していることが判明したら、その原因を究明する責任を伴った自由である。問題は、推計結果が正しいかどうかいつまでも判明しないまま推計結果だけが一人歩きするケースである。もう少し検証を大切にする社会になれば、無責任な推計結果は自ずと減少するであろう。

注

（1）いわゆる人口転換は次の3つの大まかな段階に分けられる。（1）高い出生率が高い死亡率によって相殺され、結果として低い自然人口増加となる産業化以前の社会、（2）高い出生率は継続するが死亡率は低下し、結果として高い自然人口増加となる過渡期の社会、（3）出生率・死亡率ともに低いレベルで安定し、結果としては概ね定常人口を保つ現代社会である。極めて単純なひな形として、この理論は社会科学の中で最もよく裏づけされた理論の1つである。人口転換の第2段階では近代産業社会への一歩が死亡率の低下をもたらすはずだが、健康の向上によって出産の生理的能力が高まるため、しばしば出生率も上昇する。出産適齢期の後半に避妊に頼ることを当てにして、多くの女性が早い年齢で出産に踏み切れば、家族計画プログラムは出生率の増加にもつながる（*EB3*）。

（2）リプロダクティブ・ヘルス・モデルは初期の人口抑制プログラムや経済発展モデルに付随する多くの倫理問題は回避したが、別の政治的課題を抱えている。

（3）*Encyclopedia of Bioethics* 3rd *Edition*（*EB3*）に依拠している。

（4）ＯＥＣＤなどの分析によると、仕事と家庭の両立支援に成功した国（デンマーク、ノルウェーなど）では出生率の上昇がみられるという。そうした国では働き方に応じた保育所サービスの提供だけでなく、企業による短時間勤務の導入や長時間労働の見直しなど雇用環境の整備も進んでいる。

（5）18歳未満の子どもを育てるのに社会全体で38・5兆円かかっている、という試算を内閣府が２００５年度版「少子化社会白書」の中で初めてまとめた。その内訳（ダブルカウントあり）は教育費20・3兆円（公費12・9兆円、私費7・4兆円）、生活費12・7兆円、家庭内育児活動費（パートの平均賃金で換算）8・1兆円、出産費・医療費3・1兆円、児童福祉サービス費2・5兆円、手当・一時金等

1・5兆円、租税支出1・5兆円であった(2002年度)。

(6) 内閣府は出産を機に退職しパート労働者として復帰しても、正社員で働き続けるケースと比べ合計で2億円を超える収入減になると試算している。

(7) 柔軟でない集団に税負担がより多く降りかかるという基本的見解は税制の広い範囲に当てはまる。物品税負担は消費者にあり、各種製品購入に関する所得税控除の便益は消費者が受ける。なお、資本所得税も短期的には資本所有者が負担するとしても、長期的にはその半分以上は労働者に転嫁されていると多くの財政学者は考えている(Economic Report of the President 2004)。

第6章の要点

・企業の国際競争力の維持・向上と少子化抑制戦略を両立できるような雇用制度の整備が求められる。
・社会システムの中で女性の結婚・出産・育児に対する機会費用を高くしている仕組みを抜本的に是正し、社会保障制度は特定の家族類型を前提とせず、できるだけ個人の選択を尊重する中立的なものとすることが望まれる。
・移民・難民を受け入れる先進国は発展途上国に対して倫理的な義務を負っている。
・終末期医療、臓器移植、クローン技術の人への応用、等々では医療の倫理が深刻な問題となる。
・同一労働に対して賃金格差があり過ぎることは倫理に反する。企業はその社会的な制約の中で合理的な行動を取るため、企業が正しいインセンティブに直面することが極めて重要である。

第2部

高齢社会のゆくえ

第7章 2070年の高齢者像

この章ではマイクロシミュレーションモデルの1つであるINAHSIMモデルによる2018推計の結果を用いて、2070年の高齢者像を高齢化率・自立状態・住まい方（施設入所を含む）を中心にみていく。そこからみえてくるのは、65歳以上を一律に高齢者＝引退世代とすることの危うさである。■

1 はじめに

総人口が減少する中で人口の高齢化がさらに進展し、少子高齢化・雇用の流動化・グローバリゼーションやテクノロジーの進展といった環境のなかで持続可能な社会保障制度を構築することが不可欠となっている。低出生率が続く一方で、日本人の平均寿命は今後も緩やかに伸びることが想定されている。「日本の将来推計人口」（国立社会保障・人口問題研究所、2017年4月）によると、日本人の平均寿命は2050年には男女とも現在よりさらに3年ほど伸びて、それぞれ84・0年、90・4年になると推定され、深刻な人口高齢化の大きな要因となっている。

社会保障・税一体改革による消費税の10％への引き上げを受けて、社会保障改革の具体論が大きな課題となり、日本における今後の高齢者像がますます重要になっている。高齢者が健康を維持し、社会とのつながりを保ち、できるだけ長く自宅や地域で自立した生活を続けるのか、それとも地域のきずながさらに薄れて、高齢者の多くが介護サービスへの依存を強めるのかによって、社会保障制度に対するニーズは根本的に変わってくる。それに伴って、社会保障制度の守備範囲も社会保障負担も大きく変わる。

本章の目的は、いくつかの将来推計をもとに2070年までの高齢者像を描き、日本が世界一の高齢化社会を乗り切る方策のヒントを考察することである。本章の主要な結論は次の4点である。

・高齢者の定義を「65歳以上」から「70歳以上」に変えると、今後の日本の高齢化の景色は大幅に変わる。
・60歳代は元気で働く意欲のある人が多く、彼らに適切な雇用機会を与えることが日本の課題である。

・コミュニティーケアという考え方は aging in place に貢献するが、関係者の受容を高めるために地域の創意が必要である。

・生活習慣病の予防が認知症予防にも有効であることを踏まえ、「病気にならない、要介護にならない、認知症にならない」ために一人ひとりの努力を促すことが重要である。

本章の構成は以下のとおりである。第2節は将来像を描く元データを提供しているINAHSIM2018推計について必要最小限の説明を記す。第3節では将来推計をもとに2070年までの高齢者像を描く。世界経済の動向やテクノロジーの進展については、今後大きな変化が予想され、10年先の予測もできないが、一方で50年先の高齢者は現在すでに生存中で、彼らの将来推計はほぼ正確なものである。第3節の結果をもとに第4節で社会保障制度に対する圧力を緩和するような方策を考察する。

コラム⑧ マイクロシミュレーションモデル

シミュレーションモデルは現実の世界の問題をコンピュータ上で安全かつ効率的に分析するために用いられる。さまざまな問題をモデル化し検証することで、複雑なシステムをよりよく理解し、解決策や新たな知見を導き出すことができる。

人口モデルは、人口の初期状態ならびにさまざまな人口変数（出生率、死亡率など）の影響を考慮して、個人・夫婦・家族・世帯などを単位とする人口集団およびその構造の変化を表す理論的構成体である。静学モデルではこれらの人口変数は一定に保たれるが、動学モデルではこれらの変数は時間の経過と共に変化する。さらに、決定論モデルと確率モデルの区別もなされている。前者は研究対象の人口があたかも無限に大きいとみなし、特定された諸変数の間に関数的関係を想定している。後者は研究対象となっている変動過程の継続期間中に個人に起きる様々な事象の発生確率を問題とする。モデルは数学的関係式で表されるか、あるいは一連の関係が前もって決められてある場合の諸変数の数値から算出されるシミュレーションという形態をとる。

シミュレーションには**マクロシミュレーション**と**マイクロシミュレーション**がある。マクロシミュレーションには要因法によって行なわれる将来人口推計が含まれる。マイクロシミュレーションでは、個人もしくは集団に対して様々な事象がモデル内の変数について設定されたそれぞれの確率に従い、時間の経過とともに無作為的（ランダム）に起こるよう設定されている。INAHSIMはダイナミック・マクロシミュレーションモデルの1つである。

2 INAHSIM2018推計

(1) 2018年推計の特徴

INAHSIM2018推計は2015年の実績値を用い、推計期間を2015~2070年とし、高齢者の施設入所に関するアルゴリズムを精緻化するとともに、高齢者の孤独度指標の作成を試みた。

INAHSIM2018推計の特徴は次のとおりである(府川 2018)。

・基準年を2015年とし、2015年の国勢調査や完全生命表をはじめ、過去4年次の実績を用いて初期値を作成した。

・モデルに投入する基礎率も2015年の実績値をもとに改定し、特に**高齢者の自立状態**の年間遷移確率は大幅に改定した。

・新しい結果表(各種平均余命や孤独度指標)を作成した。

なお、INAHSIMモデルの概要は稲垣(2007)や府川(2010)に述べられている。

(2) 基礎率[1]

INAHSIMに投入する基礎率は、処理の順に結婚、出生、死亡、離婚、高齢者の子との同居および施設への移動、単身化に関するものである。高齢者の子との同居および施設への移動以外の世帯合併は、それぞれ結婚、死亡、離婚の際にあわせて処理している。

65歳以上の自立状態については次の5分類とした。

0：健康で完全に自立（障害なし）
1：軽度の障害はあるが、自宅で自立した生活ができる（軽度障害）
2：要介護度4、5以外の要介護度認定を受けた（軽中度要介護）
3：要介護度4または5（重度要介護）
4：死

レベル2と3が介護保険の要介護認定者で、レベル3が要介護度4以上に対応する。[2] 自立状態の年間遷移確率はFukawa（2019）の結果を用いた。65歳以上については各自立状態から「4」への1年間の遷移の合計がその年齢階級における1年間の死亡数に相当し、今回の推計でもシミュレーション期間中の死亡率の年次変化は自立状態の年間遷移確率の変化として与えた。

シミュレーション期間中の基礎率については、出生率をはじめ多くは標準値を変化させずに用いたが、死亡率は次第に低下すると仮定した（２０７０年の平均寿命は男85・3年、女91・2年）。なお、出生率はTFR＝1・4を基本としたが、出生率の影響を評価するため1・6と1・8のケースも想定した。

高齢者が施設に入る条件は次の2通りを設定した（府川 2018）。

標準ケース

・単身の場合

自立状態2：（子と同居）そのまま

（子と非同居）年に0・4の確率で施設へ

自立状態3：（子と同居）年に0・4の確率で施設へ

（子と非同居）施設へ

・夫婦の場合：自立状態の組合せで次のように設定（表①参照）

＊：そのまま

a：（子と同居）そのまま

（子と非同居）レベル2の人が年に0・3の確率で施設へ（ただし、a′の場合は0・4の確率）

b：（子と同居）レベル3の人が年に0・3（b1）、0・4（b2）の確率で施設へ

（子と非同居）レベル3の人だけ施設へ

＋：2人とも施設へ

独立ケース

・単身の場合

自立状態2：そのまま

自立状態3：（子と同居）年に0・4の確率で施設へ

（子と非同居）施設へ

・夫婦の場合：自立状態の組合せで次のように設定（表②参照）

＊：そのまま

c：（子と同居）レベル3の人が年に0・3（c1）、0・4（c2）、0・5（c3）の確率で施設へ

（子と非同居）レベル3の人だけ施設へ

＋：2人とも施設へ

表①　標準ケース

	0	1	2	3
0	＊	＊	＊	b1
1	＊	＊	a	b2
2	＊	a	a'	＋
3	b1	b2	＋	＋

表②　独立ケース

	0	1	2	3
0	＊	＊	＊	c1
1	＊	＊	＊	c2
2	＊	＊	＊	c3
3	c1	c2	c3	＋

標準ケース・独立ケースのいずれも、施設入所のプロセス

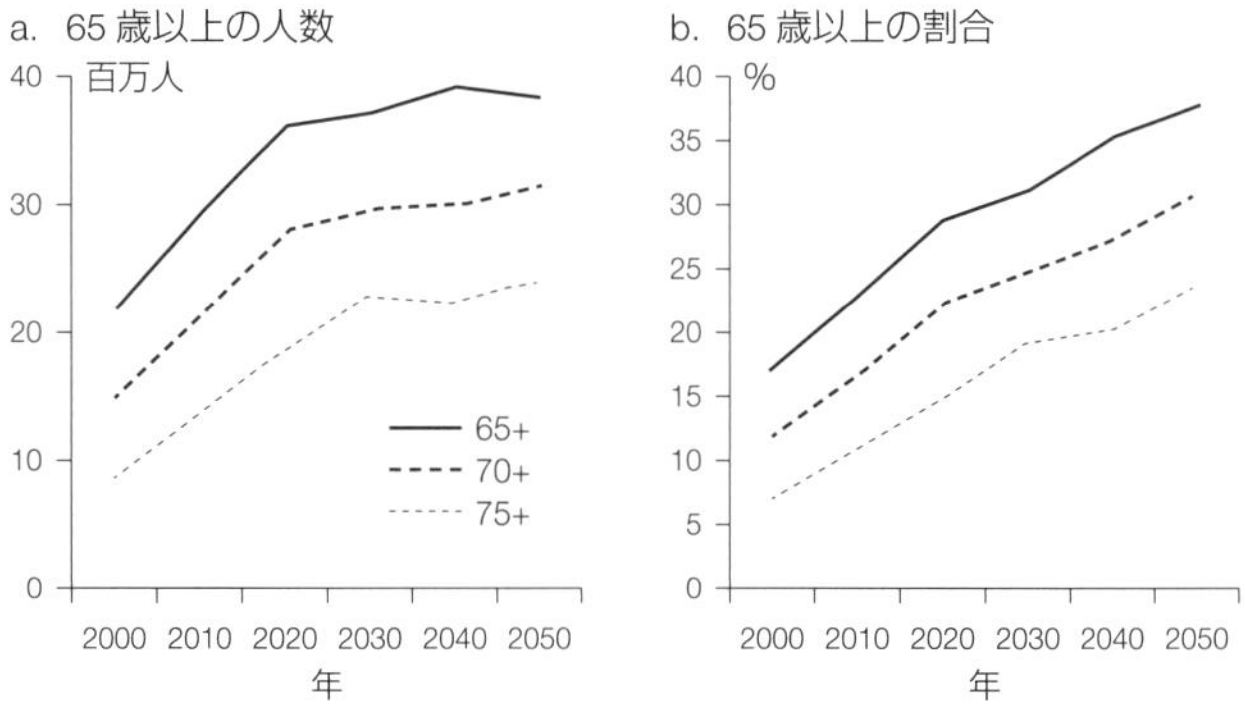

図1　65歳以上人口の数および総人口に占める割合：2000〜2050年

注：2010年までは国勢調査、2020年以降は社人研（2017）の中位推計値

は実際に施設に入所できる・できないにかかわらずに決められていることに注意を要する。

3　２０７０年の高齢者像

(1) 超高齢社会

図１は「日本の将来推計人口」（国立社会保障・人口問題研究所、２０１７年４月）をもとに将来の65歳（および70歳・75歳）以上人口（図１a）とその総人口に占める割合（図１b）を図示したものである。２０５０年には高齢者数は増加局面を終了するが、総人口に占める割合は依然として上昇途上にある。高齢化率（65歳以上人口の総人口に占める割合）が40％に近づくのは先進諸国の中でも日本だけであるが、70歳以上人口の総人口に占める割合は30％程度にとどまっている。

ＩＮＡＨＳＩＭ２０１８推計によると、将来にわたってTFR＝1・4を仮定すると、日本の総人口は2015年の1億2700万人から2070年には7900万人に減少し、この間に高齢化率は27％から39％に上昇する。一方、将来にわたってTFR＝1・8を仮定すると、2070年の総人口は低下幅が減少して9500万人となり、高齢化率も32％にとどまる見込みである（Fukawa 2019）。こちらのシナリオであれば日本の高齢化の影響は西ヨーロッパ諸国と比較可能なものになる。

コラム⑨ 高齢者の定義は時代とともに変わる

2060年の高齢化率（65歳以上人口の総人口に占める割合）は38％になると推計されている。総人口の4割が引退世代となるような社会ではまともな社会保障制度は設計できない。したがって、「高齢者」の定義も寿命の伸びと共におのずから修正される。仮に「定常人口の20％」を高齢者と定義すると、高齢者となる年齢は1960年には59歳であったが、2015年は68歳半ばまで上昇し、2030年には70歳になるとみられる。

表１　高齢者の性・年齢階級別自立状態分布：2015 年と 2070 年

年齢階級	男女計					男					女				
	合計（100万人）	自立状態				合計（100万人）	自立状態				合計（100万人）	自立状態			
		0	1	2	3		0	1	2	3		0	1	2	3
		(%)					(%)					(%)			
2015 年															
65+	33.5	53.9	34.3	8.2	3.6	14.5	52.0	39.7	6.1	2.2	19.0	55.4	30.2	9.8	4.7
65-69	9.6	66.4	31.9	1.2	0.5	4.7	63.9	34.1	1.4	0.6	5.0	68.8	29.8	1.0	0.4
70-74	7.7	59.6	36.8	2.6	1.0	3.6	56.2	39.9	2.8	1.1	4.1	62.5	34.2	2.4	0.9
75-79	6.3	52.7	39.5	5.6	2.1	2.8	48.3	44.3	5.3	2.0	3.5	56.3	35.6	5.8	2.2
80-84	5.0	45.4	37.2	12.7	4.7	2.0	39.5	46.0	10.7	3.8	3.0	49.4	31.3	14.0	5.3
85-89	3.1	35.4	30.5	24.3	9.8	1.1	30.8	42.5	19.8	6.9	2.1	37.8	24.3	26.5	11.3
90-94	1.3	24.7	19.0	37.1	19.2	0.3	22.1	34.0	32.1	11.8	1.0	25.6	14.1	38.7	21.6
95-99	0.4	13.7	9.1	42.3	34.9	0.1	13.6	22.6	43.0	20.9	0.3	13.7	6.2	42.1	38.0
100+	0.1	2.5	9.8	45.6	42.1	0.0	4.7	19.1	51.2	25.0	0.1	2.2	8.3	44.8	44.8
2070 年															
65+	30.8	43.5	32.1	14.6	9.8	13.8	42.6	35.6	15.1	6.6	17.1	44.3	29.2	14.2	12.3
65-69	5.5	65.7	31.6	2.2	0.5	2.8	63.7	32.7	2.8	0.7	2.7	67.8	30.4	1.5	0.3
70-74	5.3	59.2	34.1	5.2	1.5	2.6	57.8	33.7	6.4	2.0	2.7	60.5	34.5	4.1	1.0
75-79	5.2	50.5	37.4	9.1	3.1	2.4	45.7	39.2	11.7	3.4	2.7	54.8	35.8	6.6	2.8
80-84	4.8	40.2	38.5	15.5	5.8	2.1	35.8	41.9	17.6	4.7	2.6	43.7	35.6	13.9	6.8
85-89	4.4	30.7	33.9	23.3	12.0	1.8	26.2	40.1	24.3	9.5	2.7	33.8	29.7	22.7	13.8
90-94	3.3	18.6	24.0	34.8	22.6	1.3	15.9	32.1	35.9	16.1	2.1	20.3	19.0	34.1	26.6
95-99	1.8	9.4	14.8	33.5	42.3	0.6	6.4	22.4	40.2	30.9	1.2	10.9	10.9	30.0	48.2
100+	0.6	1.7	4.4	20.0	73.8	0.2	1.6	6.3	27.3	64.8	0.4	1.7	3.8	17.3	77.2

出所：2015 年は Fukawa（2017）、2070 年は INAHSIM 2018 推計

(2) 自立状態の分布

前節で65歳以上の自立状態を5分類することを述べた。表1は2015年および2070年における高齢者の性・年齢階級別自立状態分布を示したものである。65歳以上(65+)の人口は2015年の3350万人から2070年には3080万人に減少するが、85歳以上の各年齢階級では2070年の方が2015年より人数が増えている。自立状態分布をみると、同じ年齢階級では2070年の方が2015年より自立状態の悪い人のシェアは少し高く、その結果65歳以上一括では2015年でレベル2が8%、レベル3が4%であったのに対して2070年ではレベル2が15%、レベル3が10%になると推計される(男女計)。

(3) 住まい方

高齢者の子との同居率の高さは日本の特徴であったが、子と同居する高齢者は徐々に減少し、将来もこの傾向が続くとみられる。65歳以上の者の子との同居率は1980年には69%であったが、2015年には38%に低下した(第2章)。これまで子夫婦との同居率は低下し、無配偶の子との同居率は緩やかに上昇していたが、今後は無配偶の子との同居率も低下する見込みである(図2)。一人暮らしの率は今後とも大きく増加し、施設入所率も増加が避けられない。

85歳以上の者の住まい方(図2b)は、65歳以上の場合(図2a)と同様なトレンドである

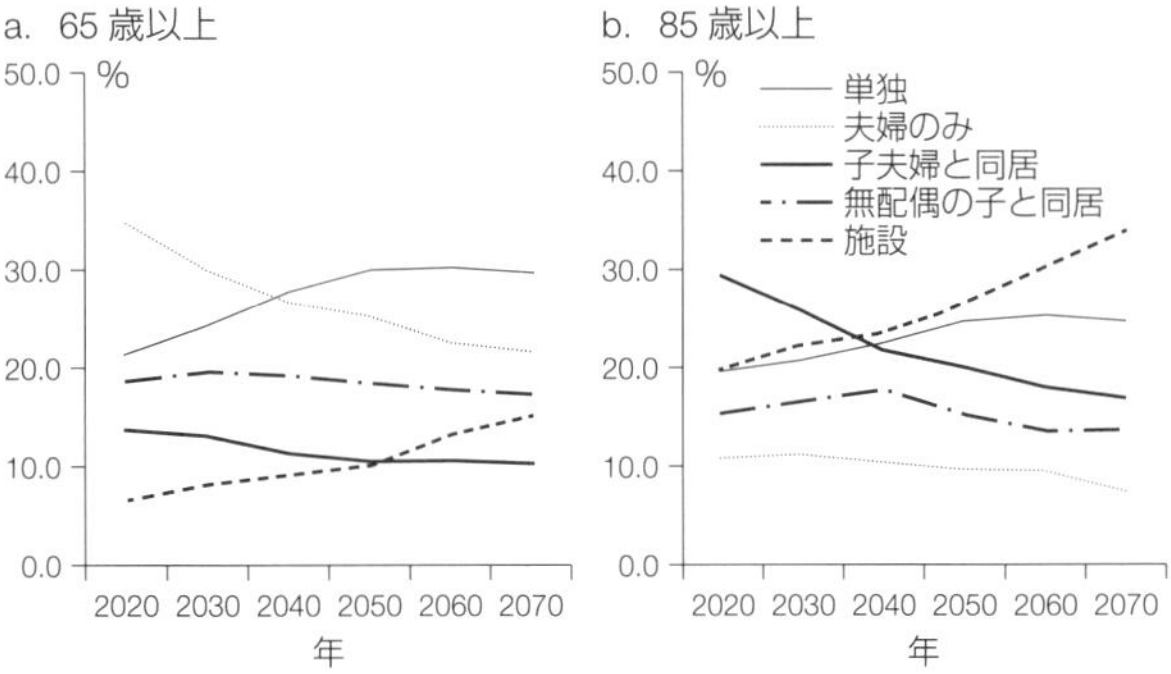

図2　高齢者の住まい方の構成割合：65歳以上および85歳以上、男女計（2020〜2070年）

出所：Fukawa（2018）

が、夫婦のみ世帯の比率は少なく、子夫婦との同居や施設入所率の水準は高くなっている。

（4）施設入所率

図3は2015年国勢調査 人口等基本調査第16−2表を用いて、性・年齢階級別に高齢者の**施設入所率**を示したものである。65歳以上では全体の6%が施設等に入所しており、男の3・8%に対して女は7・6%と2倍になっている（府川 2017b）。

表2は高齢者が一定の条件で施設に入ることを仮定して、将来の高齢者の施設入所率を標準ケース（2015年ベース）と独立ケース（施設ニーズが減少するケース）について推計した結果である（Fukawa 2019）。65歳以上（65+）の施設入所率は標準ケースでは2020年の6・6%から2070年には15%に上昇する見込みであるが、独立ケースではその半数にとどまっ

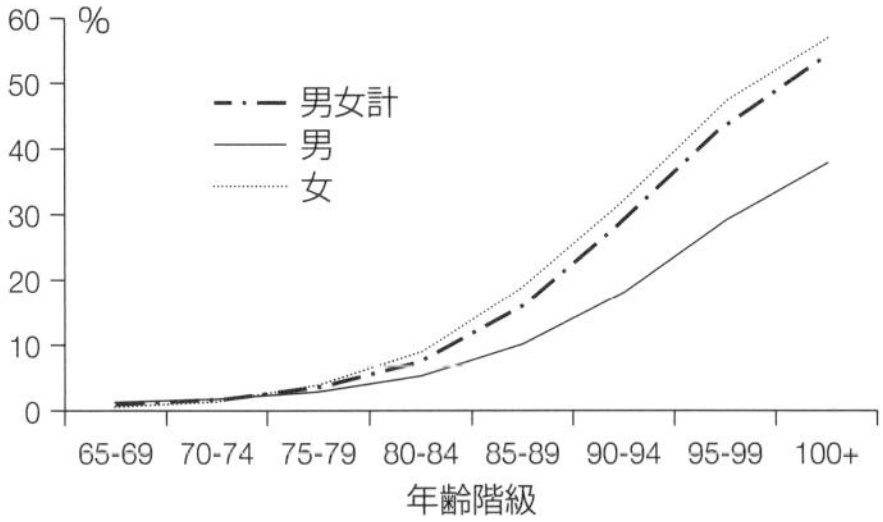

図3　2015年の性・年齢階級別高齢者の施設入所率

出所：2015年国勢調査 人口等基本集計第16-2表より筆者作成

表2　高齢者の施設入所率：男女計（2020～2070年）

（単位：%）

	65+						85+					
	2020	2030	2040	2050	2060	2070	2020	2030	2040	2050	2060	2070
標準ケース	6.6	8.2	9.0	10.3	13.3	15.0	19.9	22.4	23.6	22.6	30.5	33.9
独立ケース	4.1	3.9	4.1	4.8	6.4	7.9	13.1	11.2	11.8	14.2	15.6	19.2

出所：Fukawa（2019）

ている。また、85歳以上（85＋）の施設入所率はいずれのケースでも65歳以上よりはるかに高率になっている。今後の高齢化によって高齢者の施設ニーズは増加することが避けられないが、その水準は大きく変化し得る可能性が示唆される。

4　EBPMに向けて

（1）60歳代の活用

高齢者を自立状態によって区分し、自立状態の1年間の遷移確率を仮定することによって、Fukawa（2019）は平均余命の他に在宅余命、自立余命、Super自立余命を計算した（第8章参照）。65歳の平均余命は2020年から2050年の間に男で1・9年、女で

1・7年伸びるが、元気でピンピンしている期間（Super自立余命）を平均余命の伸びと同じだけ伸ばすことは不可能である。しかし、日本人の**Super自立寿命**は長い（2020年で男はほぼ72年、女は75年を超えている）ので、これまでは画一的に65歳を高齢者としてきたが、これからの日本では60歳代の活用が大きな課題である。

試みに70歳以上を高齢者と定義すると、将来の高齢化率は30％程度にとどまることになる。60歳代の活用の手始めは60歳代の適切な雇用機会の創出である。

(2) Aging in Place——地域包括ケア

地域包括ケアシステムは、高齢者が可能な限り住み慣れた地域で生活を継続することができるような包括的な支援・サービス提供体制を構築することを目ざしたものであり、従来、「ニーズに応じた住宅が提供されることを基本とした上で、生活上の安全・安心・健康を確保するために医療や介護のみならず、福祉サービスも含めた様々な生活支援サービスが日常生活の場（日常生活圏域）で適切に提供できるような地域での体制」と定義されてきた。また、その構成要素として、「住まい」「生活支援」「介護」「医療」「予防」の5つが地域包括ケアシステムの対応すべき分野として特定されてきた。このため、医療制度においても**在宅医療**の推進が図られ、住宅施策においては**サービス付き高齢者向け住宅**の制度が創設されて、介護保険制度と密接な連携を図ることとされている。

地域包括ケアシステムでは高齢者本人の希望にかなった住まい方が確保されていることが前提になるが、医療・介護・生活支援サービスを受けるにあたって、サービス提供体制との兼ね合いで高齢者の希望どおりにならない場合もある。つまり、「高齢者が住み慣れた地域で生活を継続する」ことは、個々の高齢者の無制限の自由を推奨するものではなく、ある程度の**集住**などの制約を受け入れることも必要になってくる。その場合でも、高齢者自身の選択に委ねられることが重要である。高齢者の中で、バリアフリー等の配慮がなされた住まいで一定の生活支援を受けることができれば、地域での生活を継続できる人には、可能な限り施設への入所を遅らせるよう支援を続ける。在宅要介護者を支える介護者の過度な負担や「燃え尽き」により、要介護者が施設等へ入所・入居するようになることを避けるために、介護者に効果的な支援を提供することも必要である。移送手段が十分に確保されていれば、地域内のさまざまなサービスや集いの場に出向きたいと考える高齢者は少なくないので、より活発な**外出支援**を行うことも有効である。認知症の要介護者に関しては、介護者に対するサポートも組み合わせて提供するといった取組みが在宅生活の継続につながる。

地域包括ケアシステムにおいて、高齢者はサービスの利用者であるのみならず、自ら能動的に地域で活動する主体としてとらえる考え方（「高齢者の社会参加」）が重要である。日々の生活における自立には、自分で自立した生活を送りたいと思う意欲や、「社会の中での役割」を感じられる環境も重要な要素である。地域包括ケアは「ケア付きのコミュニティ」に例えられるが、ケアを提供するためには24時間対応のマンパワー確保が前提であり、コミュニティの形状をどう考えるかという視点も今後ますます重要になってくる。

（3）孤独死する人がいない社会へ

高齢者が自宅で住めなくなれば施設に入居することが避けられない。将来の施設入居率は高齢者自身のＱＯＬのみならず社会の介護コストにも大きな影響を及ぼすものである。65歳以上の施設入所率は標準ケースでは２０１５年の６％から２０７０年には15％に上昇すると見込まれたが、独立ケースではその２分の１にとどまる見込みということは、将来の施設入居率を下げられる可能性を示唆していて重要である。

テクノロジーの恩恵を受けたり、サービス利用をしたり、各種活動を通して社会とつながっていることは年齢を問わず必要なことである。高齢者にとって寂しさや社会的孤立とは何か、そして彼らがこの問題にいかに対処しているかについてまだ十分な理解は得られていないが、晩年になっての寂しさや**社会的孤立**が社会的排除・幸せの低下・健康問題をもたらすことは確かである(Neves et al. 2019)。寂しさは認知症のリスクを高める。つまり、寂しいと感じている人は糖尿病・高血圧・うつなどの認知症リスク要因を複数かかえていることが多く、運動不足や喫煙の習慣があることが多い（Sutin et al. 2018）。日本では100万人程度の引きこもりが存在していると報告されているが、孤独で社会から孤立している人が幅広く存在していることは今や先進諸国で散見される。寂しさは肥満や喫煙と同じように健康に害を与え、最近では寂しさががんの死亡率に関係していることもわかってきた（Pomeroy 2019）。

寂しい生活の究極の姿が**孤独死**かもしれない。日本では今日、成人の5人に1人が生涯結婚しないともいわれ、**地域の絆**も薄れて無縁社会が出現しつつある。絆がないことは病気になるリスクを高める。日本では2017年に誰にも気づかれずに1人で死亡した孤独死した人が全国で4・5万人にのぼる。孤独死する人がいない社会を目ざす手始めは、引きこもりの若者・中年を社会にひきもどすことであろう。

（4）要介護にも認知症にもならないために

どの社会でも、社会階層が低くなるほど平均寿命は短くなり、疾病の発症リスクが上昇する傾向がみられる（府川 2017a）。これは、少ない資産・教育程度の低さ・不安定な仕事・貧しい住環境などによる社会的・経済的ストレスの多い状況での生活が影響している。学歴や所得が高い人ほど栄養バランスがよく、運動習慣などの健康によい行動をとる傾向があり、社会階層が低い人ほど栄養の摂取状態が悪く、喫煙率が高く、運動習慣が少ないなど、健康に悪い生活習慣が多いとされている（府川 2017a）。良好な人間関係やサポートを得られるネットワークは健康を推進し、家族・職場・隣人・友人・地域からサポートを期待できない場合、人々の健康状態は悪化しやすい。

「人とのつながりが健康をもたらし、生活満足度を向上させる」のであれば、ここでも**ソーシャル・キャピタル**の重要性が再認識される。近年、日本では貧困・格差問題や世代間の不公平の他に、地域の絆の希薄化や孤独・孤立の広がりが大きな問題になっている。経済的な面では高齢者も応分の負担を引き受けることが期待されているが、時間資源の豊富な高齢者はソーシャル・キャピタルの面で大いに貢献する余地があると考えられる。高齢者が社会に貢献するには、できるだけ多くの高齢者がサービスを受けながらでもよいから自立した生活を続け、要介護度の悪化を遅らせ、認知症を予防することが重要である。日本では生活習慣の改善によって認知症が減ったという報告はまだないが、アメリカ・イギリス・スウェーデン・オランダなどではこのようなリスク要因を改善して生活習慣を変えると認知症が減ったという報告がある。

主要先進国の中で日本やドイツは人口減少が深刻である。ドイツは移民・難民の受け入れがその対策の1つに位置づけられている。日本は人口減少を受け入れつつあり、人口減少を緩和するために子育て支援に力を入れているが、それ以外の具体的な対策はあまりない。今日の少子高齢化の状況は、すでに1990年にはこうなることがわかっていた。2070年にどのような状況になるかは、今すでに相当程度わかっている。2070年に70歳になる人は2000年生まれで、現在20歳前後である。毎年の出生率の予測は難しいが、現存する人の集団としての死亡率の予測はそれ程困難ではない。労働力が足りなければ、60歳代の人がもっと働けばよい。介護の財源が足りなければ、人々が要介護にならないようなインセンティブを社会の仕組みの中にもっと強く導入する必要がある。状況に応じて柔軟に対応するシステム作りが求められている。高齢社会のゆくえがどうなるかというより、高齢社会のゆくえをどうするかが問われている。

注

（1）この小節は府川（2013）をもとに改定したものである。

（2）要支援はここではレベル2には入れず、レベル1と整理している。

（3）自立状態2および3の割合は年々変化するので、図4のケース2の形状は2015年に限定されたものである。

第7章の要点

・出生率が現在のまま（TFR＝1・4）なら70歳以上を高齢者と定義しなおし、出生率がすぐに上昇する（TFR＝1・8）なら現在の定義のままでも、2070年の日本の高齢化率は30%程度にとどまる見込みである。

・これまで画一的に65歳を高齢者としてきたが、これからの日本では60歳代の活用が大きな課題である。

・高齢者はサービスの利用者であることが多いが、高齢者を自ら能動的に地域で活動する主体としてとらえる考え方が重要である。

・孤独死する人がいない社会を目ざす手始めとして、引きこもりの若者・中年を社会にひきもどすという課題があげられる。

・高齢者が社会に貢献するには、できるだけ多くの高齢者がサービスを受けながらでもよいから自立した生活を続け、要介護度の悪化を遅らせ、認知症を予防することが重要である。

第8章　平均寿命と自立寿命

近年ではその響きのよさのため「健康寿命」という言葉がよく使われる。しかし、健康寿命は機械的に計算できても、その内容は漠然としている。この章では健康寿命の1つの解釈を試み、健康寿命より「自立寿命」の方が大事であることを述べる。■

1　はじめに

2012年7月に発表された「21世紀における第2次国民健康づくり運動＝健康日本21（第2次）」（2013〜2022年度）の基本的な方針は、少子高齢化や疾病構造の変化が進む中で、生活習慣及び社会環境の改善を通じて、子どもから高齢者まで全ての国民がライフステージに応じて健やかで心豊かに生活できる活力ある社会を実現し、その結果、社会保障制度が持続可能なものとなるよう、国民の健康の増進の総合的な推進を図ることである。このため、健康日本21（第2次）では**健康寿命**の延伸と、地域や社会経済状況の違いによる集団間の健康状態の差である**健康格差**の縮小が主要な目標として掲げられている。

健康寿命はWHOが2000年に提唱した概念で、「健康上の問題で日常生活が制限されることなく生活できる期間」と定義されている。日本人の健康寿命は最新の2016年で男性が72・1年、女性が74・8年とされており、一方、平均寿命は2016年で男性81・0年、女性87・1年で、両者の間に大きな隔たりがある。この差を縮小するために、「健康寿命を伸ばそう」という機運が高まっている。健康寿命が伸びることは、個々の高齢者にとっても、社会保障費の規模を適正水準に抑えるためにも望ましいことであるが、健康寿命の意味づけはあまり明確ではない。男女とも70歳代前半で「健康寿命が尽きる」（それ以降は不健康に生きる）という解釈はもちろん正しくない。

健康寿命は地域や社会経済状況の違いによる集団間に差があり、健康寿命の格差（健康格差）の縮小が保健医療の大きな課題になっている。日本ではこれまで健康格差はあまり顕在化していなかったが、近年になって日本にも「健康の社会格差」があり、それが拡大していることが問題になってきた。「貧困家庭の肥満児」や「非正規の糖尿病」は健康格差と所得格差が密接に関連していることを示している。健康日本21（第2次）では、「あらゆる世代の健やかな暮らしを支

表1　人口と平均寿命の長期トレンド

年次	人口			TFR	閾値年齢（年）	平均寿命（年）	
	100万人	65＋（%）	75＋（%）			男	女
1960	93.4	5.7	1.7	2.00	59.0	65.3	70.2
1970	103.7	7.1	2.1	2.13	60.6	69.3	74.7
1980	117.1	9.1	3.1	1.75	63.1	73.4	78.8
1990	123.6	12.1	4.8	1.54	65.1	75.9	81.9
2000	126.9	17.4	7.1	1.36	66.3	77.7	84.6
2010	128.1	23.0	11.1	1.39	67.9	79.6	86.3
2015	127.1	26.6	12.8	1.45	68.6	80.8	87.0
2030	119.1	31.2	19.2	1.43	69.8	82.4	88.7
2060	92.8	38.1	25.7	1.44	71.5	84.7	91.1

注1：点線の上は実績値、下は2017年4月の将来人口推計（中位推計）。
注2：TFR（出生率）は2005年に最低値1.26を記録した。

える良好な社会環境を構築することにより、健康格差の縮小を実現する」とし、社会環境の整備に重点がおかれている。また、平均寿命の増加分を上回る健康寿命の増加を目標に掲げている。

表1は日本の高齢化率と平均寿命の長期トレンドを示したものである。出生率（TFR）は1990年の「1・57ショック」（1989年の値）以降も低下を続け、2005年に最低値（1・26）を記録した後、2015年には1・45まで回復したが、その後やや低下している（2018年は1・42）。総人口は2008年の1億2840万人をピークに人口減少局面に入っている。平均寿命は2010年を基準にとると、過去50年間に男14・3年、女16・1年伸び、今後50年間に男女とも約5年伸びると想定されている。65歳以上（65＋）人口の総人口に占める割合（高齢化率）は1960年の5・7％から2015年に26・6％に上昇し、

２０６０年には38％になると見込まれている。近年の出生率（ＴＦＲ）は１・４台で推移しているため、このトレンドが維持されれば、総人口は２０１０年を基準にして今後50年間で１９６０年の人口規模にもどると概観される。しかしながら、１９６０年と２０６０年では人口規模は似かよっていても、人口の年齢構成には極めて大きな違いがある。

2 健康寿命

平均余命は死亡率のみから計算され、生か死かを区別するだけで生存の質は考慮されていない[1]。これに対して、生存の質を考慮した指標例には「障害のない平均余命」や質調整生存年数（Quality Adjusted Life Years：ＱＡＬＹ）などがある。それらは個人がどの程度、障害・疾病・慢性疾患なしに生きてゆけるかということに焦点を当てている。ここで取り上げる「健康寿命」も何らかの形で生存の質を考慮しようとするものである。

個人の健康状態の差はライフスタイルや環境などの違いに起因するが、保健医療制度を含む社会・経済的要因も大きな影響を与えている。日本の「健康寿命」は国民生活基礎調査の質問項目「あなたは現在、健康上の問題で日常生活に何か影響がありますか」に対する「ない」の回答を日常生活に制限なしとして計算されており、調査に回答した人の主観に基づく数値である。健康

表2　平均寿命と健康寿命

年	平均寿命（年）		健康寿命（年）		平均寿命と健康寿命の差（年）	
	男	女	男	女	男	女
2001	78.1	84.9	69.4	72.7	8.7	12.2
2004	78.6	85.6	69.5	72.7	9.1	12.9
2007	79.2	86.0	70.3	73.4	8.9	12.6
2010	79.6	86.3	70.4	73.6	9.2	12.7
2013	80.2	86.6	71.2	74.2	9.0	12.4
2016	81.0	87.1	72.1	74.8	8.9	12.3

平均寿命：2010年は完全生命表、それ以外は簡易生命表。
健康寿命：厚生労働科学研究費補助金「健康寿命における将来予測と生活習慣病対策の費用対効果に関する研究」、ただし2013年以降は厚労省算出。
出所：内閣府（2019）高齢社会白書2019年版

寿命の計算方法や計算結果からみると、「健康寿命」は生まれてから日常生活に何の不自由もなく元気に暮らせる平均期間と解釈できる。このような〝Super 自立〟期間が長いことに越したことはないが、高齢化社会では一病息災でもよしとして、日常生活に多少の支障があっても、人や社会サービスの助けを借りて自宅で自立した生活を送れる期間（**自立期間**）をできるだけ長くすることが重要である。

前述のように2016年の健康寿命は男72・1年、女74・8年で、同年の平均寿命との差は男8・9年、女12・3年であった（表2）。2001年から2016年までの健康寿命の伸び（男性2・7年、女性2・1年）は、同期間における平均寿命の伸び（男性2・9年、女性2・2年）よりやや小さい。今後、平均寿命の伸びとともに、健康な期間だけではなく、不健康な期間も伸びることが予想される。どのような対策でどの程度生活習慣病を減らすことが可能か、それにより健康寿命がどのくらい伸びるか、ということについては現在のところ十分な知見が得られていない。

コラム⑩ 健康寿命の算定方法

健康寿命の算定は、国民生活基礎調査と生命表をもとにサリバン法を用いて次のように行われている。まず、国民生活基礎調査における質問の「あなたは現在、健康上の問題で日常生活に何か影響がありますか」に対する「ない」の回答を日常生活に制限なしとして、性・年齢（x）別の日常生活に制限のない者の割合p(x)を計算する。次に、性・年齢別に生命表の定常人口にp(x)を乗じて日常生活に制限のない定常人口Lxを求める。x歳ちょうどで日常生活に制限のない人数をlxとして、Lxのx歳以上の合計Txをlxで除することにより性・年齢別に健康余命が計算され、0歳の健康余命が健康寿命となる（年齢別は実際には年齢階級別に計算される）。

表3は2016年における12か国の平均寿命と健康寿命を示したものである。表3のEU諸国の中では男の平均寿命はスウェーデンの80・6年が最も長く、女ではフランスとスペインの85・7年が最も長い。日本は平均寿命が長いだけでなく、健康寿命も世界で一番長く、平均寿命と健

表3　12か国の平均寿命と健康寿命：2016年

（単位：年）

	総人口2017（100万人）	平均寿命			健康寿命		
		男	女	男女計	男	女	男女計
オーストラリア	24.5	81.0	84.8	82.9	71.8	74.1	73.0
ベルギー	11.4	78.8	83.5	81.1	70.2	73.0	71.6
カナダ	36.6	80.9	84.7	82.8	72.0	74.3	73.2
フランス	65.0	80.1	85.7	82.9	71.8	74.9	73.4
ドイツ	82.1	78.7	83.3	80.9	70.2	73.0	71.6
イタリア	59.4	80.5	84.9	82.7	72.0	74.3	73.2
日本	127.5	81.1	87.1	84.2	72.6	76.9	74.8
オランダ	17.0	80.0	83.2	81.6	71.3	72.8	72.1
スペイン	46.4	80.3	85.7	83.0	72.2	75.4	73.8
スウェーデン	9.9	80.6	84.1	82.3	71.5	73.4	72.4
イギリス	66.2	79.7	83.2	81.4	70.9	72.9	71.9
アメリカ	324.5	76.1	81.1	78.6	66.9	70.1	68.5

出所：WHO World Health Statistics 2019

康寿命の差も他の国より小さいので、大変好ましい結果となっている。ただし、平均寿命と健康寿命は相関が高く、表3の各国の健康寿命は平均寿命のおよそ86～90％となっている。また、各国とも女の健康寿命は男より長いが、平均寿命に占める健康寿命の比率は男の方が女より高い。

3　自立寿命

健康寿命の意味づけを少しでも明確にするため、ここでは65歳以上を自立状態によって区分し、それをもとに各種余命を計算しているFukawa（2019）の結果を紹介する。65歳以上の自立状態は次のように0～3の4レベルに区分される。

0：健康で完全に自立（障害なし）

1：軽度の障害はあるが、自宅で自立した生活ができる（軽度障害）
2：要介護度4、5以外の要介護度認定を受けた（軽中度要介護）
3：要介護度4または5（重度要介護）
4：死

65歳以上の自立状態のうちレベル0または1の人を「自立」とみなし、レベル2の人は在宅で介護サービスを受け、レベル3の人の多くが介護施設に入所しているとみなす。普通の生命表は性・年齢別死亡率によって作成され、各年齢の平均余命が計算される。自立状態のレベル3と4を死亡とみなして生命表を作成することもできる。ここから得られる平均余命を仮に「在宅余命」と名づける。同様に、レベル2～4あるいはレベル1～4を死亡とみなして作成された生命表から得られる平均余命をそれぞれ「自立余命」「Super 自立余命」と名づけることにする。

表4は0歳・65歳・75歳・85歳における各種余命の将来推計値を示したものである（Fukawa 2019）。前述のように、レベル0または1の人を「自立」と考えると、2020年における65歳の男性は平均してあと16.7年（つまり81～82歳まで）自立した生活ができることを意味し、2070年にはその年数はさらに1.5年伸びることが期待される。2020年に健康で完全に自立（障害なし）した状態で75歳を迎えた人は男性であと9年、女性であと11年半その状態を続け

られることが期待される。２０２０年における０歳のSuper自立余命（つまり、**Super自立寿命**）は男72・0年、女76・1年であり、この値は前節の２０１６年における健康寿命に近い。したがって、健康寿命は概ねSuper自立寿命に近いと解釈される。

２０２０年から２０７０年までに各寿命がどのように変化するかをみると、平均寿命84・2年

表4　40歳・65歳・75歳・85歳の各種余命：2020～2070年

（単位：年）

	平均余命				平均在宅余命				平均自立余命				平均Super自立余命			
	0	65	75	85	0	65	75	85	0	65	75	85	0	65	75	85
男																
2020	81.0	19.3	12.1	6.2	80.4	18.6	11.8	6.0	78.5	16.7	10.5	5.3	72.0	14.1	9.0	4.7
2030	81.7	19.8	12.5	6.5	81.1	19.1	12.1	6.2	79.0	17.0	10.7	5.5	72.2	14.3	9.1	4.8
2040	82.5	20.5	13.0	6.8	81.8	19.6	12.5	6.5	79.5	17.3	10.9	5.6	72.5	14.4	9.2	4.9
2050	83.4	21.2	13.6	7.2	82.5	20.2	12.9	6.8	80.0	17.6	11.2	5.7	72.7	14.5	9.3	4.9
2060	84.3	21.9	14.2	7.7	83.2	20.7	13.3	7.1	80.5	17.9	11.4	5.9	72.9	14.6	9.4	5.0
2070	85.3	22.7	14.9	8.3	84.0	21.3	13.8	7.4	81.0	18.2	11.6	6.0	73.2	14.8	9.5	5.1
女																
2020	87.3	24.3	15.7	8.3	85.9	22.8	14.4	7.3	83.3	20.3	12.5	6.0	76.1	17.8	11.6	5.8
2030	87.9	24.8	16.1	8.6	86.3	23.1	14.7	7.5	83.6	20.5	12.7	6.1	76.2	17.9	11.6	5.8
2040	88.5	25.3	16.6	9.0	86.8	23.5	15.0	7.7	83.9	20.7	12.8	6.2	76.4	18.0	11.7	5.9
2050	89.3	26.0	17.2	9.5	87.3	23.9	15.3	7.9	84.3	20.9	13.0	6.3	76.6	18.1	11.8	6.0
2060	90.2	26.7	17.9	10.1	87.8	24.3	15.6	8.2	84.6	21.1	13.2	6.4	76.7	18.2	11.9	6.0
2070	91.2	27.6	18.7	10.7	88.4	24.7	16.0	8.4	84.9	21.4	13.4	6.5	76.9	18.3	12.0	6.1

出所：Fukawa (2019)

→88・3年、平均在宅寿命83・2年→86・2年、平均自立寿命80・9年→83・0年、平均Super自立寿命74・1年→75・1年となった（いずれも男女計）。つまり、今後50年間に平均寿命が4・1年伸びると見込まれ、その内訳としてSuper自立期間は1・0年、自立期間1・1年、在宅期間0・9年、施設関連期間1・1年、伸びるという結果になっている（いずれも男女計）。

4 EBPMに向けて

日本人は平均寿命が長いため、「健康寿命」も世界で一番長いという結果が得られている。しかし、「健康寿命」は機械的に計算できてもその内容はまだ漠然としており、何をすれば平均寿命と健康寿命の差をどのくらい縮められるか、具体的にわかっているわけではない。

高齢者を自立状態によって区分し、自立状態の1年間の遷移確率を仮定することによって、Fukawa（2019）は平均寿命の他に在宅寿命、**自立寿命**、Super自立寿命を計算した。その結果、男女計でみると2020年から2070年の50年間に平均寿命は4・1年、在宅寿命は3・0年、自立寿命は2・1年、Super自立寿命は1・0年伸びた。健康寿命はSuper自立寿命に近い値であるため、今後、平均寿命の伸びと同じだけ健康寿命を伸ばすことは不可能であることがわかった。

２０１７年４月の将来人口推計でも、平均寿命は２０１８年の男81・３年、女87・３年から２０６５年には男85・０年、女91・４年に伸びることが予想されている。平均寿命の伸びとともに、その内訳として Super 自立期間、自立期間、自宅で暮らせる期間、施設入所期間などが少しずつ伸びると考えられる。平均寿命の伸び分が全て Super 自立期間の伸びに回れば理想的であるが、実際にはそれは期待できない。どのような対策でどの程度生活習慣病を減らすことが可能か、それにより「健康寿命」がどのくらい伸びるか、等についてはあまりわかっていない。

府川（2013）は高齢者の新しい定義として「定常人口の20％説」（なめらかな人口ピラミッドを想定して、年齢の高い上位20％を高齢者と定義する説）を唱えた。表１には定常人口[3]で総人口の20％となる年齢を高齢者と定義した場合の閾値年齢（男女平均）も示されている。この定義によると、国民皆保険・皆年金となった頃（１９６１年）の59歳から今日では69歳に上昇し、２０６０年には71～72歳以上を高齢者と呼ぶのがふさわしい時代になっている。

平均寿命が今後ともゆるやかに伸びてゆくなかで、Super 自立寿命だけでなく、自立寿命や在宅寿命も伸ばしていくことが重要な課題である。日常生活に多少の支障があっても、人や社会サービスの助けを借りて自宅で自立した生活を送れる状態を「自立」ととらえ、生まれてから自立した生活ができなくなるまでの平均期間（自立寿命）をできるだけ長くすることが重要である。「介護サービスを受けながら自宅で生活できる」期間をできるだけ長くするためには、在宅ケアサービスを充実させ、施設に入らなくても高齢者が安心して自宅で生活を継続できるように地域環境を整備することが重要である。ピンピンコロリは理想であっても、国民全員がこの理想を手に入れることは不可能である。したがって、公衆衛生の政策としては〝平均寿命の伸び以上に「健康寿命」を伸ばす〟ことではなく、自立寿命を伸ばす方策に力点を置く現実的政策が肝要である。

注

（1）0歳の平均余命は平均寿命と呼ばれている。
（2）要支援はここではレベル2には入れず、レベル1と整理している。
（3）生命表上の人口をさす。現実の人口の年齢分布では団塊の世代が大きな影響をもっている。そのような影響を排除するため定常人口を用いる。

第８章の要点

・日本にも健康の社会格差があり、それが拡大していることが問題になっている。
・日本は平均寿命が長いだけでなく、健康寿命も世界で一番長く、平均寿命と健康寿命の差も他の国より小さいので、大変好ましい結果となっている。
・２０２０年に生まれた子が健康で完全に自立（障害なし）した状態で生きられる平均期間（Super 自立寿命）は男72・0年、女76・1年であり、この値は２０１６年における健康寿命（男72・1年、女74・８年）に近い。したがって、健康寿命は概ね Super 自立寿命に近いと解釈される。
・日常生活に多少の支障があっても、人や社会サービスの助けを借りて自宅で自立した生活を送れる状態を「自立」ととらえ、生まれてから自立した生活ができなくなるまでの平均期間（自立寿命）をできるだけ長くすることが重要である。
・２０２０年から２０７０年の50年間に男女計で平均寿命は４・１年、自立寿命は２・１年、Super 自立寿命は１・０年伸びることが見込まれる。

第9章 高齢者医療費・介護費の動向

この章ではＩＮＡＨＳＩＭ２０１８の推計結果を用いて日本の将来の高齢者医療費・介護費を推計した。その結果、今後の人口高齢化によって85歳以上では医療費よりもむしろ介護費の方が大きくなることが判明した。したがって、介護予防の努力が今後ますます重要になる。■

1 ２０１５年における高齢者の医療費・介護費

日本の国民医療費は２０１７年度で43・１兆円（ＧＤＰの７・９％）にのぼり、このうち65歳以上の医療費は26・０兆円で、国民医療費の60％を占めている。一方、日本の介護費は２０１７年度で９・９兆円（ＧＤＰの１・８％）であり、65歳以上の介護費が大部分を占めている。

図１ａのケース１は、２０１５年度における65歳以上の年齢階級別人口１人当たり医療費およ

び介護費を示したものである。65歳以上の介護費は65歳以上医療費のおよそ3分の1であるが、この図から90歳以上の超高齢層では医療費よりも介護費の方が大きいことがわかる。図1bのケース2は、人口1人当たり医療費が85－89歳をピークにそれ以降低下し、介護費では自立状態レ

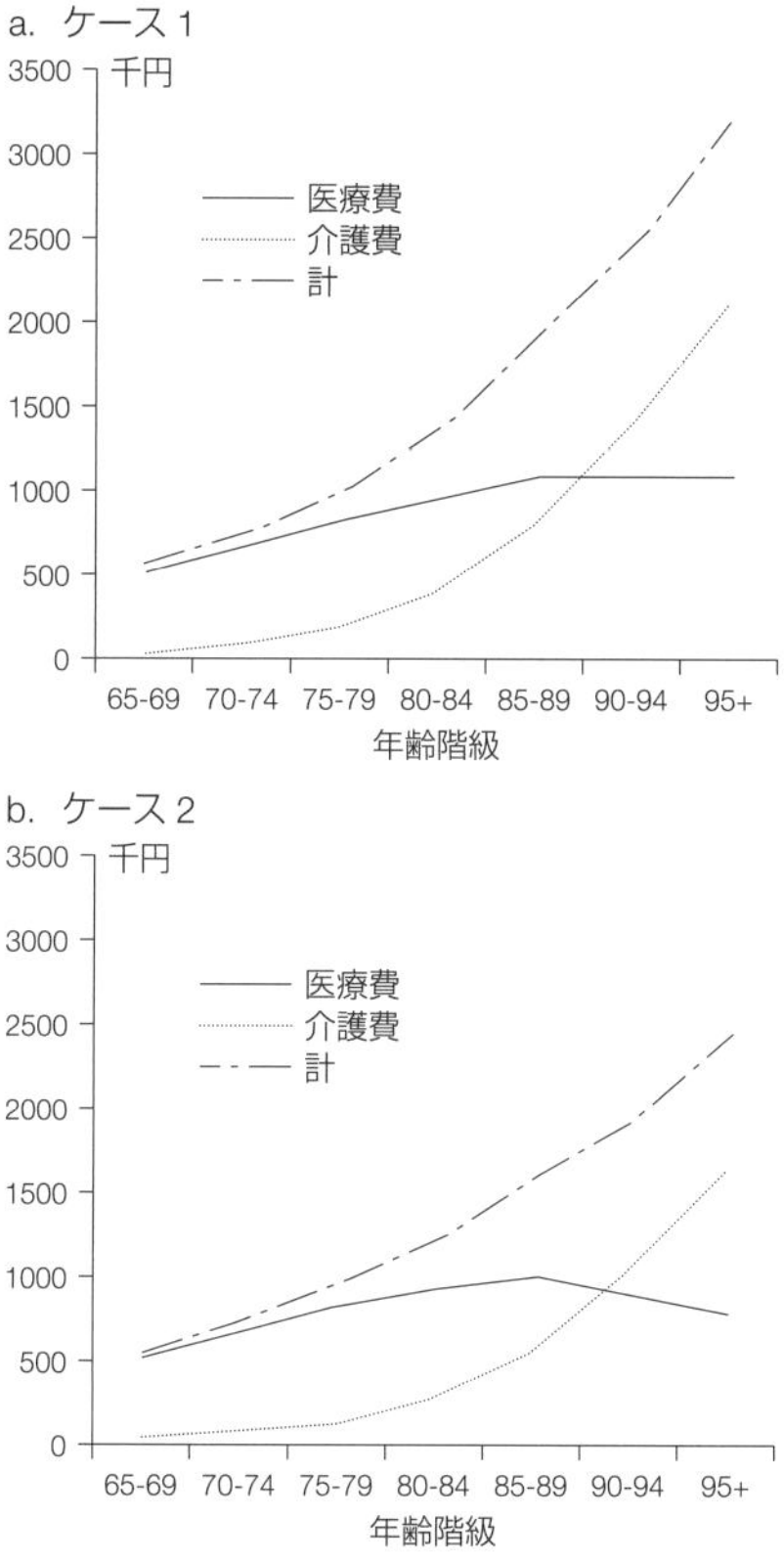

図1　高齢者の年齢階級別人口1人当たり医療費・介護費：2015年（ケース1とケース2）

出所：Fukawa（2017）

ベル２の１人当たり介護費が半分になった場合（自立状態レベル３の１人当たり介護費はそのまま）を想定したものである（Fukawa 2017）。65歳以上人口の医療費および介護費は図１の年齢階級別人口１人当たり費用に各年齢階級の人口を掛けた値の合計であり、ケース１とケース２ではかなりの相違があることがうかがわれる。

2 高齢者の医療費・介護費の将来推計

65歳以上の医療費・介護費の将来推計は以下のように行った（Fukawa 2017）。将来の医療費は図１の年齢階級別人口１人当たり医療費（ケース１およびケース２）に、ＩＮＡＨＳＩＭ２０１８から得られる将来の年齢階級別人口を掛けて推計した。したがって、将来の医療費は２０１５年価格で、今後の技術進歩などの要素は一切考慮されていない。

65歳以上の介護費は自立状態レベル２と３の人から発生する。将来の介護費の推計は次のように行った。ケース１では２０１５年度における自立状態レベル２および３の人の年齢階級別１人当たり介護費に、ＩＮＡＨＳＩＭ２０１８から得られる将来の年齢階級別自立状態レベル２および３の人口を掛けて将来の介護費を推計した。ケース２では２０１５年度における自立状態レベル２の人の年齢階級別１人当たり介護費を２分の１にして（自立状態レベル３の１人当たり介護費

表1　高齢者の医療費・介護費の将来推計（2015年価格）：2020～2070年（ケース1とケース2）

（単位：兆円）

年	65+						85+					
	医療費		介護費		合計		医療費		介護費		合計	
	C1	C2	C1	C2	C1	C2	C1	C2	C1	C2	C1	C2
2020	27.0	26.1	11.4	8.0	38.4	34.1	6.3	5.5	6.0	4.4	12.3	9.9
2030	28.7	27.5	13.9	9.9	42.6	37.4	7.8	6.7	7.9	5.9	15.7	12.6
2040	29.4	27.9	15.5	11.1	44.9	39.0	9.6	8.2	10.1	7.5	19.7	15.7
2050	29.6	28.2	16.4	11.8	46.0	40.0	9.2	7.8	10.3	7.7	19.5	15.5
2060	28.4	26.7	18.5	13.7	46.9	40.4	10.9	9.3	12.8	9.9	23.7	19.2
2070	25.8	23.9	18.9	14.4	44.7	38.3	10.9	9.1	14.2	11.2	25.1	20.3

C1：ケース1、C2：ケース2
出所：Fukawa（2017）を改訂

はそのまま）将来の年齢階級別自立状態レベル2および3の人口を掛けて将来の介護費を推計した。将来の介護費も2015年価格で、今後の介護報酬の変化などの要素は一切考慮されていない。

表1および図2は2020～2070年の推計結果（2015年価格）を示したものである。医療費は技術進歩や物価上昇などによって今後も増加が見込まれるが、仮に人口要因だけを考慮すると、65歳以上（65＋）の医療費はケース1・2ともに2050年以降は減少に転じ、2070年は2020年より低下する。一方、65歳以上の介護費はいずれのケースでも2070年まで増加を続け、将来の医療費＋介護費は2060年までその規模が拡大する見込みである。また、ケース2はケース1より15％ほど低い。85歳以上（85＋）についてみると、介護費は医療費とほぼ同程度から出発し、次第に医療費より多くなる見込みである。また、介護費だけでなく医療費でも増加傾向が続くと

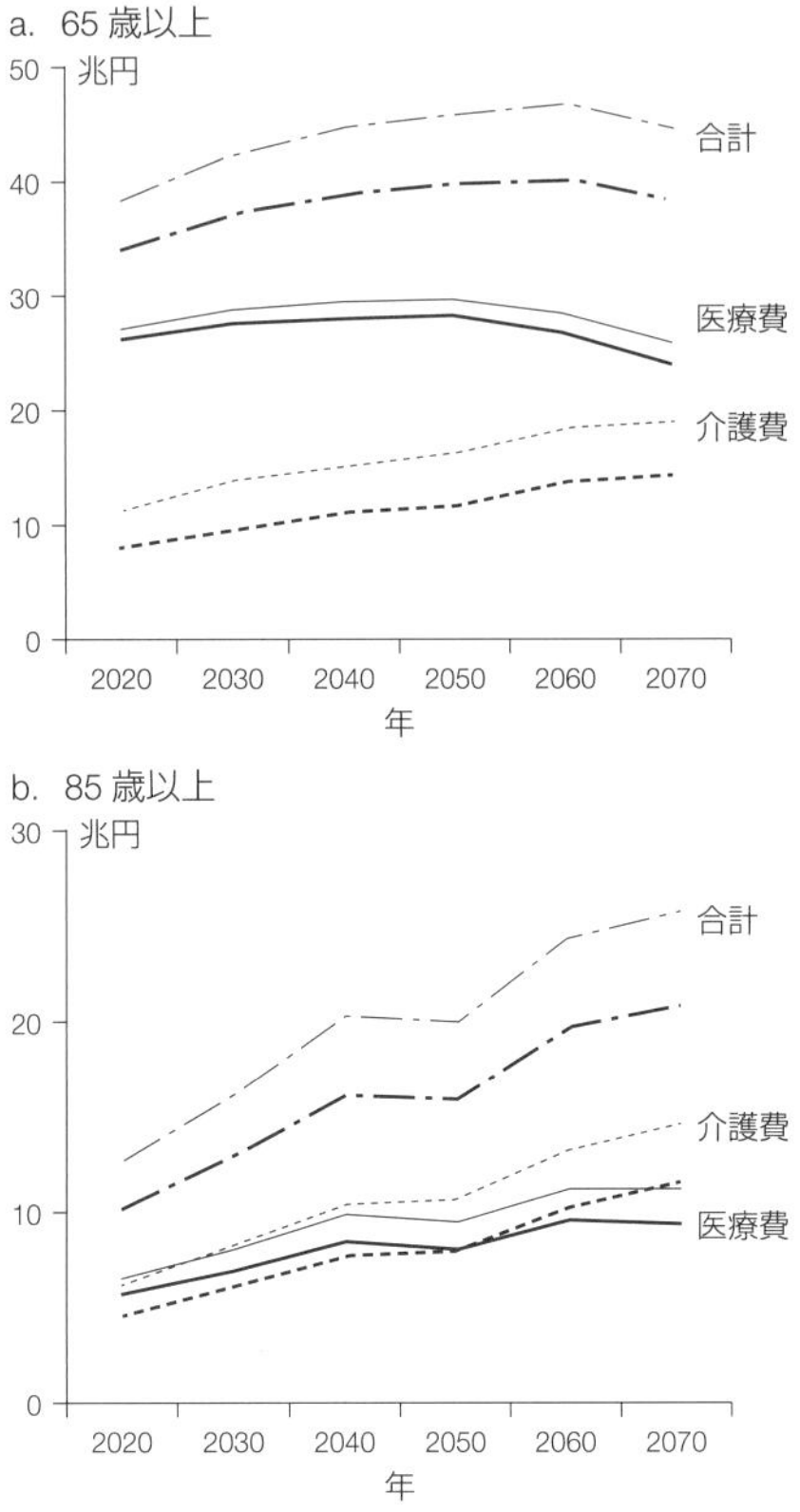

図 2　65 歳以上および 85 歳以上の医療費・介護費（2015 年価格）：2020 ～ 2070 年、ケース 1（細線）とケース 2（太線）

出所：表 1 に同じ

ともに、医療費でも介護費と同様にケース1に対してケース2の節約効果がより多く認められ、ケース2の医療費＋介護費はケース1より20％ほど低くなっている。

3 EBPMに向けて

ＩＮＡＨＳＩＭ２０１８の推計結果を応用して高齢者の医療費・介護費の将来推計を行ったところ、今後の人口高齢化によって高齢者の医療費よりもむしろ介護費の伸びを心配しなければならないことが明らかになった。

高齢化が最も進んでいる割には日本の医療費（対ＧＤＰ比）は相対的に低い水準にとどまっている。OECD Health Statistics 2019によると、日本の２０１８年の保健費（医療費＋介護費の一部）のＧＤＰ比は10・９％で、イギリス（９・８％）やオランダ（９・９％）より高いが、スウェーデン（11・０％）やフランス・ドイツ（11・２％）より低い（表２）。

ＯＥＣＤの保健費は公的制度と私的制度に区分されている。一方、介護費はＬＴＣ（health）とＬＴＣ（social）の合計で、それぞれが公的制度と私的制度に区分されている。ＬＴＣ（health）が保健費の中に含まれている介護費であるため、表２の①マイナス②で公的医療費が計算される。日本の公的医療費はＧＤＰの７・４％で、オランダ・イギリス・スウェーデンより大きいがフランス・ドイツより小さい。表2には公的介護費のGDP比も示されており、オランダの3・7%が最も高くなっているが、その中には高齢者介護費の他に非高齢者の介護に要する費用も含まれている。

表2　7か国における保健費・介護費のGDP比

（単位：%）

			年	フランス	ドイツ	日本	オランダ	スウェーデン	イギリス	アメリカ
保健費 a	計		2018	11.2	11.2	10.9	9.9	11.0	9.8	16.9
	公的	①		9.3	9.5	9.2	8.2	9.3	7.5	14.3
LTC（health）a	計		2017	1.7	2.1	2.0	2.7	2.9	1.8	0.9
	公的	②		1.3	1.5	1.8	2.5	2.7	1.2	0.6
公的医療費	①－②			8.0	8.0	7.4	5.7	6.6	6.3	13.7
公的介護費 b			2017	1.9	1.5	1.8	3.7	3.2	1.4	0.5

注：公的は公的／強制適用制度
出所：a OECD Health Statistics 2019
　　　b OECD Health at a Glance 2019

コラム⑪　医療の貢献

社会保障は国民の健康向上に大きな貢献をしている。寿命が伸びることは大変喜ばしいことである。医療費の大きさと平均寿命の関係に改めて興味がもたれている。アメリカは医療費が高い割に平均寿命は短く、日本は医療費の割に平均寿命が長い。食生活や生活様式などさまざまな要因が平均寿命の伸びに貢献しているが、医療の貢献も近年再び注目されるようになってきた。死亡率の低下以外にも「健康の向上」には生存の質（QOL）の向上が含まれている。その内容の例としては、安心して生きられること、公平な社会に生きられること、生きがいをもって生きられること、などがあげられる。

上述のように日本の医療費（対GDP比）は高齢化が進んでいる割には大きくないが、医療の技術進歩や、よりよい医療を求める国民の期待によって常に増加圧力にさらされている。一方、日本の65歳以上の介護費は今後大幅に増加することが予想され、その財源確保がますます大きな課題となる。介護サービスを提供する施設としては病院のコストが最も高く、コストおよび提供されるサービスの質の両面で介護施設の拡充が求められている。また、施設サービスと在宅サービスのバランスも、負担増の抑制と介護サービスの質の調和を図るうえで重要な論点である（府川 2010）。医療では高額な出費から患者を守ることが一般的な原則になっているが、介護ではコストのかかる介護施設への受入れは要介護度の重い人に限る措置がとられることが一般的である（OECD 1999）。ただし、在宅での家族介護をその機会費用も含めてコストに算入すれば、施設介護に比べて在宅介護の方が安いとは必ずしもいえず、ここでも施設介護と在宅介護のバランスが求められる。

生活習慣病は健康長寿の最大の阻害要因となるだけでなく、国民医療費にも大きな影響を与えている。その多くは不健全な生活の積み重ねによって引き起こされ、個人が日常生活の中で適度な運動、バランスの取れた食生活、十分な睡眠、禁煙等を実践することによって予防することができる。しかし、生活習慣病には大気中や食品に含まれている有害物質、生活上および職業上のストレス、遺伝、など個人の責任に帰することのできない要因も関与している。したがって、個人の責任を強調し過ぎず、社会全体で健康増進のための活動や予防医療の取組みを進めていくことが大切である。

介護予防に関しては、日本では**地域包括ケアシステム**というアプローチがとられている。介護予防は「高齢者が要介護状態等となることの予防又は要介護状態等の軽減若しくは悪化の防止を目的として行う」ものであると規定され、高齢者に対する働きかけは「高齢者の体の働きや精神の働きである心身機能の改善を目指すとともに、日常生活の活動水準を高め、家庭や社会生活で役割を果たす参加を促し、それによって一人ひとりの生きがいや自己実現のための取組みを支援して**高齢者のQOL**向上を目指すものである」とされている。それを実現する方策として、地域包括ケアシステムは今後のさらなる高齢化を見すえて、軽度や中度の要介護状態はもちろん、重度要介護状態になっても住み慣れた地域で自分らしい暮らしを人生の最後まで続けることができるよう、医療・介護・住まい・生活支援サービスを地域で一体的に提供する環境を整える。地域包括ケアシステムが構築されれば、認知症高齢者の生活を地域で支えることも可能になる。

このように医療や介護では予防が重要であるが、それを医療費や介護費の増加抑制という文脈だけでとらえると誤解が生じる。前述のように、病気を予防できれば短期的に医療費は削減されるが、長生きによって医療費増加は避けられず、予防のための費用も含めれば長期的には医療費は増える。介護予防によって要介護率が低下すれば介護費用の低下は大いに期待できるが、一方で介護保険の負担増加を抑制するために予防に関する給付を縮小することは介護予防に力を入れる方向に逆行する。したがって、医療や介護の予防に関するプログラムを評価する際にはプログラムがもたらす**便益**（医療費や介護費の減少額）だけではなく、プログラムがもたらす**効果**（健康寿命の伸び、活動水準の上昇、QOLの向上、など）に注目しなければならない(1)。

介護保険料を払っているのだから介護サービスをより多く利用しなければ損であると多くの人が考えてそのように行動すれば、その結果は保険料の引き上げや税負担の増加につながるわけであるから、不必要なサービス利用は避けようとする意識（**連帯意識**）の醸成も制度の持続可能性を高める上で重要である。

注

(1) 特定健康診査・特定保健指導は、運動・食事・喫煙などに関する不適切な生活習慣がもたらす虚血性心疾患・脳血管疾患・糖尿病等の発症・重症化を予防し、医療費を適正化するため、高齢者の医療の確保に関する法律に基づき医療保険者が共通に取り組む保健事業である。この事業による医療費抑制効果額は、目標受診率などが達成されていることを想定した粗い試算に基づけば医療費で200億円ほど（国費はその約4分の1）になるとされている。一方、特定健診・保健指導実施のための予算額は毎年度国費で230億円程度が計上されている（2018年度予算で239億円）。費用の割に便益が少ない事業のようにみえるが、この事業によってメタボの中高年が減少しているのであれば、その効果は本人ととっても社会にとっても大きなものである。

第9章の要点

・日本の2018年の保健費（医療費＋介護費の一部）のGDP比は10・9％で、イギリス（9・8％）やオランダ（9・9％）より高いが、スウェーデン（11・0％）やフランス・ドイツ（11・2％）より低い。

・医療費は技術進歩や物価上昇などによって今後も増加が見込まれるが、仮に人口要因だけを考慮して2020～2070年の医療費（2015年価格）を推計すると、65歳以上の医療費は2050年以降には減少に転じ、2070年は2020年より低下する。

・同様に2020～2070年の介護費（2015年価格）を推計すると、65歳以上の介護費は2070年まで増加を続ける。その結果、将来の医療費＋介護費は2060年までその規模が拡大する見込みである。

・医療や介護では予防が重要であるが、予防に関するプログラムを評価する際にはプログラムがもたらす便益（医療費や介護費の減少額）だけではなく、プログラムがもたらす効果（健康寿命の伸び、活動水準の上昇、QOLの向上、など）に注目しなければならない。

・不必要なサービス利用は避けようとする意識（連帯意識）の醸成も制度の持続可能性を高める上で重要である。

第10章

認知症高齢者数の推計

介護サービスを受けている人数と認知症高齢者数がほぼ同程度ということは考えにくい。世界の認知症高齢者数は増加し続けているが、近年では生活習慣病対策によって認知症有病率が減少することもわかってきている。本章では日本の認知症高齢者数の将来推計について考えてみたい。■

1　はじめに

日本における**認知症高齢者数**は2002年9月末現在149万人と推計されていたが、厚生労働省は2012年8月に認知症高齢者数は2010年の280万人（65歳以上人口の9・5%）から2025年には470万人（同12・8%）に増加するという推計結果を発表した。さらに、厚生労働省は介護保険の要介護認定をもとに、２０１２年の認知症高齢者数を３０５万人（65歳以上人口の10％）と推計した。その後２０１３年に、厚生労働省研究班が①２０１２年時点で65歳以上の認知症高齢者数は４６２万人（65歳以上人口の15％）、②認知症になる可能性のある軽度認知障害の高齢者も約４００万人、と発表した。(1) ２０１５年１月に発表された認知症施策推進総合戦略（**新オレンジプラン**）では、「日本の認知症の人の数は２０１２年で約４６２万人と推計されているが、高齢化の進展にともない２０２５年には認知症の人は約７００万人（65歳以上人口の19％）前後になる見込みである」と述べられている。

２００４年にそれまでの痴呆症から認知症へと名称が改められたことを契機に、２００５年度から「認知症を知り 地域をつくる10か年」キャンペーンが開始された。２０１３年度からは「認知症施策推進5か年計画（オレンジプラン）」がスタートし、さらに２０１５年１月には「認知症施策推進総合戦略〜認知症高齢者等にやさしい地域づくりに向けて〜（新オレンジプラン）」が策定され、認知症の人が住み慣れた地域で自分らしい暮らしを人生の最後まで続けることができるよう、医療・介護・介護予防・住まい・生活支援が包括的に確保される「地域包括ケアシステム」の実現を目指す中で、認知症について社会を挙げて取り組むために認知症サポーターの養成、認知症サポート医の養成、認知症介護実践者研修、若年性認知症施策の強化、認知症の人の介護者への支援（認知症カフェ等）などの施策が進められている。

２０１９年６月には**認知症施策推進大綱**が決定された。認知症は誰もがなりうるものであり、家族や身近な人が認知症になることなどを含め、多くの人にとって身近なものとなっている。認知症の発症を遅らせ、認知症になっても希望をもって日常生活を過ごせる社会を目指し、認知症の人やその家族の視点を重視しながら、「共生」と「予防」を車の両輪として施策を推進するという基本的考え方のもとに、生活習慣病の予防、社会参加による社会的孤立の解消や役割の保持等が認知症の発症を遅らせる可能性が示唆されていることを踏まえ、70歳代での発症を10年間で１歳遅らせることを目指している。

2 問題の背景

ＯＥＣＤ（2012）によると、認知症の患者は２００９年でＥＵの60歳以上人口の６％（６８０万人）と推計されていた。アルツハイマー病は認知症の60～80％を占めている。認知症は60歳以上に発症することが多く、男性より女性に多い。80～84歳の認知症発症率は男14％、女16％であるが、75歳以下では男女とも４％未満である。一方、90歳以上の認知症発症率は男31％、女47％と大幅に高まる。65歳未満の認知症は稀で、認知症患者の２％未満である。２０１１年１月にヨーロッパ議会は各国に認知症対策をうながし、フランス・イギリス・ノルウェーなどで**認知症国**

家戦略が作成されている。

認知症の患者とその家族を支援する国際アルツハイマー病協会（ADI）[2]は毎年World Alzheimer Reportを発表している。その2019年版によると、2019年の認知症患者数は世界全体で5000万人と推計され、今後各国で高齢化が進み2050年には3倍の1億5000万人に増えると予測されている。また、認知症の経済的コスト（患者の治療や介護などにかかる費用）は2019年時点で年間1兆ドルであるが、2050年には2倍になるとしている。認知症患者の急増は経済問題にとどまらない。G8など高所得国は認知症増大の矢面に立っているが、患者数の増加の大部分は途上国においてである。

認知症患者数の多さを見る指標としては、一般的に一時点の**有病率**（prevalence）と一定期間中の**発生率**（incidence）がある。認知症の年間発生率は年齢が5・9歳増えるごとに倍増し、60－64歳の0・31%から95歳以上では17・5%に上昇する（WHO 2015）。認知症のおよそ3分2は女性で、認知症は女性の主な死因の1つになっている（Department of Health 2015）。

表1は7か国における65歳以上人口の**認知症有病率**を、対比として介護のデータとともに示したものである。通常の6か国比較に、介護費用の対GDP比が最も高いオランダを加えた。介護費用は公的制度に限ったものであるが、対象は65歳未満も含まれている。介護サービス受給率は65歳以上人口に対するものである。フランスを除いて65歳以上の7～9%が認知症であり（表1

表1　7か国における65歳以上人口の介護サービス受給率と認知症有病率並びに介護費用

（単位：%）

	フランス	ドイツ	日本	オランダ	スウェーデン	イギリス	アメリカ
A. 介護サービス受給率（2017）a	10.1	15.6	11.8-15.2 b	13.0	16.2	…	9.9
・施設（病院以外）	4.1	4.1	2.6 a	4.4	4.3	…	2.4
・在宅	6.0	11.5	…	8.6	11.9	…	7.5
B. LTC 費用 /GDP（2017）a	1.9	1.5	1.8	3.7	3.2	1.4	0.6
・LTC(health)	1.3	1.5	1.8	2.5	2.7	1.2	0.6
・LTC(social)	0.6	…	…	1.2	0.5	0.3	…
C. 認知症有病率（2012）	10.0	9.0	6.0-9.0	8.5	9.3	7.1	8.8
（出所）	c	c	b	c	c	d	e

出所：a OECD Health Statistics 2019
b 表2より（2015年）
c Alzheimer Europe（2013）、Dementia in Europe Yearbook 2013
d Alzheimer's Society（2014）、Dementia UK update、e Langa et al.（2016）

のC）、彼らが介護サービス受給者（表1のA）の半分以上（6割程度）を構成している。アメリカの介護サービスは施設ケア（ナーシングホーム、発達障害者用中間ケア施設、精神保健施設）、デイサービス、在宅サービスなどであり、2014年には65歳以上のおよそ700万人（65歳以上の15%に相当）が介護サービスを利用していた（Nguyen 2017）。したがって、表1のアメリカの介護サービス受給率は過少評価の可能性がある。

年齢階級別認知症有病率のいくつかの例を図1に示した。次節で述べる日本の結果も比較のために図1に加えた。85－89歳の有病率はおよそ20%で、90歳以上になると有病率は急上昇する。65歳以上一括でみると日本の有病率は8・0%（表2より）、イギリスの有病率は7・1%（Alzheimer's Society 2014）であった。

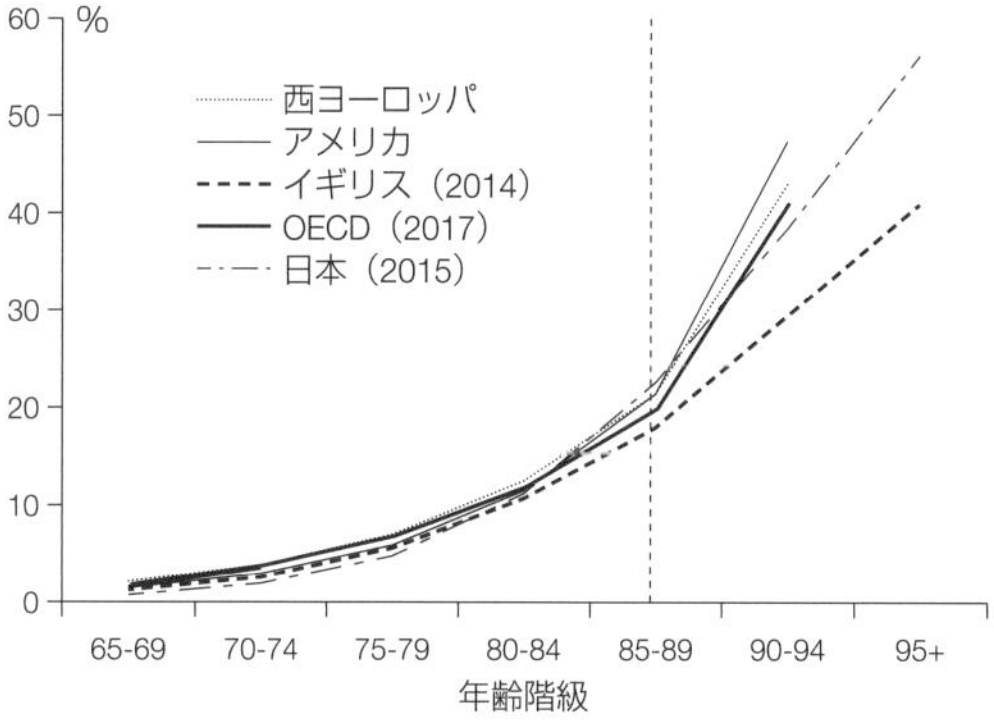

図1　年齢階級別認知症有病率

出所：西ヨーロッパとアメリカは Prince et al.（2013）、イギリスは Alzheimer's Society（2014）、日本は表２の中位推計

3　日本の認知症高齢者数の推計(3)

第７章で65歳以上の自立状態を５分類することを述べた。表２は２０１５年における65歳以上（65＋）人口の年齢階級・自立状態別人数をもとに、以下の仮定をおいて３種類の年齢階級別認知症有病率を試算したものである（いずれの仮定も性・年齢階級にかかわらない）。

・低位シナリオ：自立状態レベル２（Ｌ２）の40％、レベル３（Ｌ３）の75％が認知症と仮定
・中位シナリオ：Ｌ２の60％、Ｌ３の85％が認知症と仮定
・高位シナリオ：Ｌ２の70％、Ｌ３の90％が認知症と仮定

その結果、中位シナリオでは65歳以上人口の８％が

表2　年齢階級別認知症有病率の計算：2015年

年齢階級	自立状態別人数（100万人）a					参考：要介護率（%）		認知症有病率（%）		
	合計	L0	L1	L2	L3	合計	要支援を除く	低位	中位	高位
65+	33.5	18.0	11.5	2.7	1.2	15.2	11.8	6.0	8.0	9.0
65-69	9.6	6.4	3.1	0.1	0.0	2.3	1.7	0.9	1.2	1.3
70-74	7.7	4.6	2.8	0.2	0.1	4.8	3.6	1.8	2.4	2.7
75-79	6.3	3.3	2.5	0.4	0.1	10.7	7.8	3.9	5.2	5.9
80-84	5.0	2.3	1.8	0.6	0.2	23.9	17.4	8.6	11.6	13.1
85-89	3.1	1.1	1.0	0.8	0.3	44.1	34.1	17.1	22.9	25.8
90-94	1.3	0.3	0.3	0.5	0.3	66.3	56.3	29.2	38.6	43.2
95+	0.4	0.0	0.0	0.2	0.2	84.7	78.7	44.1	56.2	62.3

出所：Fukawa（2018）、ただしa：Fukawa（2017）

表3　65歳以上人口の自立状態別人数および割合の将来推計：2020〜2070年

年	自立状態別人数（100万人）					LTC（100万人）	割合（%）				
	計	L0	L1	L2	L3		L0	L1	L2	L3	LTC
2015	33.5	18.0	11.5	2.7	1.2	3.9	53.9	34.3	8.2	3.6	11.8
2020	35.6	18.8	11.9	3.5	1.4	4.9	52.7	33.4	9.8	4.0	13.9
2030	36.2	18.3	12.0	4.0	1.9	5.9	50.6	33.2	11.1	5.1	16.2
2040	37.3	18.5	12.3	4.5	2.1	6.5	49.6	33.0	11.9	5.5	17.5
2050	37.0	17.7	12.4	4.7	2.2	6.9	47.8	33.6	12.6	6.0	18.6
2060	34.1	15.3	11.2	4.8	2.8	7.5	45.0	33.0	14.0	8.1	22.1
2070	30.8	13.4	9.9	4.5	3.0	7.5	43.5	32.1	14.6	9.8	24.4

注：2015年の値はFukawa（2017）による。
出所：Fukawa（2018）

認知症となった。中位シナリオの年齢階級別認知症有病率を図1にも示した。表2には参考までに2015年の年齢階級別要介護率も示されている。

将来の65歳以上人口の年齢階級・自立状態別人数はINAHSIM2018から得られる。表3は2020〜2070年における65歳以上人口の自立状態別人数および構成割合を示したものである。65歳以上人口は2015年の3350万人から2040年には3730万人に増加し、そ

表 4　認知症患者数及び認知症有病率の将来推計：2020 ～ 2070 年

年	A. 認知症患者数（100 万人）						B. 認知症有病率（%）					
	65+			85+			65+			85+		
	L	M	H	L	M	H	L	M	H	L	M	H
2020	2.5	3.3	3.7	1.3	1.6	1.8	7.0	9.3	10.5	21.4	28.1	31.5
2030	3.0	4.0	4.5	1.7	2.2	2.4	8.3	11.0	12.4	22.8	29.7	33.2
2040	3.3	4.4	5.0	2.1	2.8	3.1	8.9	11.9	13.3	23.7	31.0	34.7
2050	3.5	4.7	5.3	2.2	2.8	3.1	9.5	12.7	14.2	25.3	32.8	36.6
2060	4.0	5.2	5.8	2.7	3.5	3.9	11.6	15.3	17.1	26.8	34.5	38.3
2070	4.1	5.3	5.9	3.0	3.8	4.3	13.2	17.1	19.0	29.7	37.9	42.0

出所：Fukawa（2018）

の後減少に転じる見込みである。しかし、自立状態レベル3の人数は2015年の120万人から2070年には300万人に増加し続ける。その割合も2015年の3・6%から2070年には9・8%に上昇する見込みである。

2015年と同様に、将来の65歳以上人口の年齢階級・自立状態別人数を使って、前記の仮定のもとに将来の認知症患者数および認知症有病率が計算される。表4は2020～2070年における65歳以上人口および85歳以上人口の認知症患者数および認知症有病率の推計結果である。中位シナリオ（M）では65歳以上人口（65＋）の認知症患者数は2020年の330万人から2070年には530万人に増加する（表4のA）。中位シナリオでの認知症有病率は65歳以上人口では2020年の9・3%から2070年には17・1%に上昇するが、85歳以上人口（85＋）では2020年28・1%から2070年には37・9%に上昇する（表4のB）。

4 EBPMに向けて

日本のこれまでの認知症高齢者数の将来推計は上方修正の連続であった。多くの場合、介護サービスを受けている人数と認知症高齢者数がほぼ同程度という結果になっている。日本の高齢化は世界で一番進んでいるとはいえ、65歳以上の認知症有病率が2012年時点で15％というのは、明らかに過大推計である。したがって、新オレンジプランで述べられている「2025年には認知症の人は約700万人（65歳以上人口の19％）前後になる見込みである」という推計も過大と考えられる。世界の認知症高齢者数は増加し続けているが、近年の調査では認知症有病率はイギリス・スウェーデン・オランダ・フランス・アメリカ・カナダで減少していることが報告されている（Orgeta et al. 2018）。

アメリカの2013年における65歳以上のアルツハイマー病患者数は500万人（65歳以上人口の11％）で、85歳以上人口ではアルツハイマー病患者の割合は32％に高まる（ADI 2013）。2050年におけるアルツハイマー病患者数は1380万人と推計され、以前の推計値1600万人より下方修正されている（ADI 2013）。イギリスの2011年における65歳以上の認知症患者数は67・0万人（65歳以上人口の6・5％）と推計され、20年前の推計値（88・4万人、8・3

%）より大幅に下方修正されている。年齢階級別認知症有病率は図1に示されているようにコンセンサスができつつある。ＯＥＣＤでも各国に同じ年齢階級別認知症有病率を適用して国別の認知症患者数を推計し、日本の認知症患者数（人口千対）が最も多いとしているが、それは日本の高齢化が最も進んでいることを意味しているに他ならない。これまでのところ、日本人が認知症になりやすいと考えなければならない根拠は得られていない。

コラム⑫　ＯＥＣＤでも日本に認知症高齢者が多いといっているが……………

ＯＥＣＤ諸国全体で認知症の人は２０１９年で２０００万人と推計され、現在の認知症有病率が今後も変わらないとすると２０５０年には４１００万人に倍増するとみられる（OECD Health at a Glance 2019）。２０１９年で認知症有病率は日本（総人口の２・５％、以下同じ）、イタリア（２・３％）、ドイツ（２・１％）の順に高い。そして日本の認知症有病率は２０５０年には総人口の４・３％に上昇すると推計されている。この推計は、65－69歳では２・３％、90歳以上では42％という同一の年齢階級別認知症有病率を各国に適用した結果であり、日本は高齢化率が現在も将来も最も高いので、その当然の結果として日本の認知症有病率が現在も２０５０年にも世界で最も高いということになる。ちなみに２０５０年で認知症有病率が高い国は日本（総人口の４・３％、以下同じ）、イタリア（４・３％）、スペイン（４・

2%）、ポルトガル（4・1%）、韓国・ギリシャ（3・9%）、ドイツ（3・7%）の順と推計されている。

生活習慣病を減らすことは医療費削減につながるだけでなく、**認知症予防**にも効果があることがわかってきた。**認知症のリスク要因**は①中年期の聴力低下、②中等教育の未修了、③喫煙、④うつの早期不対応、⑤運動不足、⑥社会的な孤立、⑦高血圧、⑧肥満、⑨糖尿病、などであり、これら9つの要因を改善すれば認知症の3分の1を防ぐことができる（Lancet 2017）。このようなリスク要因を改善して生活習慣を変えると認知症が減ったという報告が世界で蓄積されている現状を踏まえ、社会全体で健康増進のための活動（禁煙、正しい食生活、適切な運動、十分な睡眠など）や予防医療の取組みを進めていくことが大切である。

本章では一定の仮定（その仮定は世界で合意されつつある年齢階級別認知症有病率をもたらすことを確認）のもとに将来の認知症患者数を推計した。その中位シナリオでは、65歳以上人口の認知症患者数は2020年の330万人から2070年には530万人に増加し、認知症有病率は2020年の9・3%から2070年には17・1%に上昇するという結果を得た。これは前述の新オレンジプランで紹介されている「2025年には認知症の人は約700万人（65歳以上人口の19%）」という予測よりはるかにマイルドである。リスク要因を減らし、**健康なライフスタイル**

で生活すれば認知症になるリスクを減らせることをサポートするエビデンスが集まりつつある。喫煙・運動不足・肥満・高血圧・糖尿病などの対策が認知症予防にも有効であることがわかってきた。本章の推計結果をみても、もし日本で高位シナリオから低位シナリオに転換できれば、認知症患者数を30％減らすことになる。

認知症の7割を占めるアルツハイマー病の薬が開発されると、認知症患者は激減することが期待される。現在でも、日本の認知症高齢者数は過大評価されている可能性があり、将来の認知症高齢者数はさらに大きく変動する可能性がある。認知症対策を進めるためにも認知症高齢者数の推計は必要である。しかし、仮定された前提によって推計結果は変わり、推計結果が不断に検証される環境にないならば、エビデンスに基づいて政策を決定する方針も能書きに終わってしまう。

認知症をなくすことは人類共通の願いである。世界で高齢化が最も進んでいる日本で認知症対策が進むのは自然なことであり、世界からの期待も高い。いずれ中国でもインドでも高齢化が進み、それに伴って認知症高齢者が増加する。認知症の克服は、日本が世界に貢献できる重要な分野の1つと位置づけられる。

注

（１）厚生労働省研究班（代表研究者・朝田隆筑波大教授）では全国８市町の計5,386人分の高齢者の調査データをもとに、全国の65歳以上の認知症有病率を15％と推計した。

（２）国際アルツハイマー病協会（Alzheimer's Disease International：ＡＤＩ）は世界79のアルツハイマー病協会の国際的な連合組織である。79のメンバーは、それぞれの国におけるアルツハイマー病協会で認知症をもつ人々とその家族を支援している。ＡＤＩは１９８４年に創設され、米国で非営利団体として登録された。ＡＤＩはロンドンを拠点として、１９９６年以来世界保健機関（ＷＨＯ）と公的な関係を結び、２０１２年以降国連の諮問協議資格をもっている。詳しい情報は http://www.alz.co.uk を参照。

（３）この節は Fukawa（2018）に基づいている。

第10章の要点

・ドイツ、オランダ、スウェーデンなどでは65歳以上の7～9%が認知症であり、彼らが介護サービス受給者の6割程度を構成している。

・認知症有病率を年齢階級別にみると、85－89歳の有病率はおよそ20%で、90歳以上になると急上昇するというパターンおよび水準が多くの国で共通している。

・日本の高齢化は世界で一番進んでいるとはいえ、65歳以上の認知症有病率が2012年時点で15%というのは、明らかに過大推計である。

・独自の方法で認知症有病率を推計したところ、65歳以上では2020年の9・3%から2070年には17・1%に、85歳以上では2020年の28・1%から2070年には37・9%に上昇するという結果になった（中位シナリオ）。

・リスク要因を減らし、健康なライフスタイルで生活すれば認知症になるリスクを減らせることをサポートするエビデンスが各国で集まっている。喫煙・運動不足・肥満・高血圧・糖尿病などの対策が認知症予防にも有効であることがわかってきた。

第3部

〝人生100年時代〟への提言

第11章 人生100年時代の社会保障

この章では主要先進諸国における人口高齢化と社会支出の規模の関係を、過去から将来にわたって概観して日本の特徴をつかむとともに、大多数の国民に支持される社会保障制度を構築するために、明確な国民の合意が必要と考えられる制度の原理・原則について考察する。■

1 はじめに

世界で最も深刻な少子高齢化と人口減少が進んでいくなかで、日本がどのような社会を目指そうとしているのか、国民が納得できる保障と負担の水準はどの程度か、何を公的な仕組みで保障し、何を**自己責任**にゆだねるのか、そしてその財源をどのように確保するのか、といったことについての**国民の合意**が不可欠である（府川 2017）。子育て支援、柔軟な雇用環境の整備、低所得者・障害者支援、重層的なセーフティネットの構築、などのいずれにおいても新たな財源が必要であり、国民の負担が求められる。

本章は先進諸国の過去および将来の人口高齢化と社会保障の規模との関係を概観し、日本の社会保障改革に必要な国民の合意について考察する。

2 各国の高齢化と社会支出の動向：1980～2060年

2019年8月に発表された「2017年度社会保障費用統計」(国立社会保障・人口問題研究所)によると、日本の2017年度の社会保障給付費は総額120・2兆円(対GDP比22・0%)で、その内訳は医療39・4兆円(GDPの7・2%、以下同じ)、年金54・8兆円(10・0%)、福祉・その他26・0兆円(4・8%：うち介護は10・1兆円、GDPの1・9%)であった。給付の内訳を機能別にみると高齢・遺族63・1兆円、保健医療37・7兆円、家族8・3兆円、障害4・6兆円、生活保護その他3・7兆円、等であった。

社会保障の規模に関してヨーロッパ大陸諸国とイギリスやアメリカとではかなりの差が見られる。表1は日本の比較対象としてよく挙げられる5か国に、高齢化が進んでいるイタリアを加えた計7か国について、OECDの**社会支出**(Social Expenditure)を用いて2015年における公

表1　主要国の政策分野別社会支出（Public）のGDP比：2015年（単位：%）

	フランス	ドイツ	イタリア	日本	スウェーデン	イギリス	アメリカ
合計（2018）	31.2	25.1	27.9	…	26.1	20.6	18.7
合計（2015）	32.0	24.9	28.5	21.9	26.3	21.6	18.8
高齢	12.7	8.3	13.6	9.9	9.1	6.5	6.4
遺族	1.7	1.8	2.6	1.3	0.3	0.1	0.7
障害	1.7	2.1	1.8	1.0	4.1	1.9	1.4
保健	8.8	8.1	6.7	7.7	6.3	7.7	8.4
家族	2.9	2.2	2.0	1.3	3.5	3.5	0.6
労働	1.0	0.6	0.5	0.1	1.3	0.2	0.1
失業	1.6	0.9	1.0	0.2	0.3	0.2	0.2
住宅	0.8	0.6	0.0	0.1	0.4	1.5	0.3
その他	0.8	0.3	0.2	0.3	0.9	0.1	0.8

出所：OECD Social Expenditure Database（Jan. 2020）

的制度による社会支出（GDP比）の内訳を示したものである。この7か国の中で日本の高齢化率は最も高いにもかかわらず、日本の社会支出のGDP比はアメリカ、イギリスに次いで低い値になっている。しかし、アメリカでは国民の40%ほどしか公的医療保険の対象ではないので、その分社会保障の規模が小さくなっている。仮に企業が負担している従業員に対する医療保険を加えると、アメリカの社会支出の規模は日本より大きくなる。また、イギリスの公的老齢年金給付はGDPの4%と低いが、強制適用の企業年金・個人年金まで含めれば9%に達する。このような状況を考慮すると、日本の社会支出の規模は主要先進諸国の中で最も小さいといえる。日本の社会保障給付は家族給付、障害者給付、福祉給付が少なく、高齢者向け給付が全体の約7割を占めている。

フランス・イタリア・スウェーデン・ドイツの社会支出はGDPの25%あるいはそれ以上であるが、その分国民の負担も大きくなっている。日本との違いは、生活上のリスクに対して個人として対処するのでなく、社会システムで対処する（つまり、社会に委託する）度合いの違いであるといえる。上述のように日本は高齢化率が高いにもかかわらず社会支出のGDP比は低く、分野別にみると障害・家族・労働（積極的労働政策）などで日本の支出規模が小さいことがわかる。この状況は今後とも変わらないのであろうか？　そして、今後人口高齢化がさらに進む中で、社会保障の規模はどの程度が適切なのか？

コラム⑬ 年金年齢

同一労働・同一賃金の原則からすると、非正規就業者を安く使うことが不当であると同様に、年金受給者を安く使うことも不当である。年金給付に見合うように年金保険料を徴収しているとすると、年金受給者に労働報酬があるからという理由で年金給付を削減することは、そもそも論理的に矛盾している。日本の公的年金制度は長期的な持続可能性が問題視されているが、それは制度改革が政争の具となり、必要な改革がなおざりにされているためである。そのわかりやすい1例として、老齢年金の支給開始年齢の問題がある。

日本人の65歳の平均余命は2018年簡易生命表によると男19・7年、女24・5年で、すでに世界一長く、2060年にはさらに男24年、女30年に伸びると予測されている。一定の原資で老後の生活を支えるには、支給期間を短くして給付を厚くするか、長い支給期間を確保するために給付水準を抑えるか、のどちらかしかない。もちろん、両者の折衷案はあり得るが、いずれにしても打ち出の小槌はない。寿命の伸びに合わせて支給開始年齢を引き上げるのは、支給期間が長くなるのを避けて現在の給付水準を維持するという考え方である。

年金制度の中長期的持続可能性を高める方策として、すでに先進諸国で採用されているのが支給開始年齢の引上げである。その結果、先進諸国では老齢年金の支給開始年齢は67ないし68歳が標準となっている（フランスは例外であるが、実際には支給開始年齢の引き上げ策を模索している）。しかも、そのように法律を改正したのはアメリカでは1980年代、ドイツでは1990年代である。しかし、日本では厚生年金の支給開始年齢を65歳よりさらに引き上げることが最近になってようやく議論されるようになった。高齢化が最も深刻な日本において年金制度の持続可能性を高めるためには、60歳代の雇用を確保することが先決という状況である。一般に公的年金の支給開始年齢は寿命の伸びを十分に考慮しなければ制度の持続性を維持できない。年金制度の中に長く働くインセンティブを付与し、平均余命の伸びが年金財政に影響を与えないような仕組みにすることが望まれる。

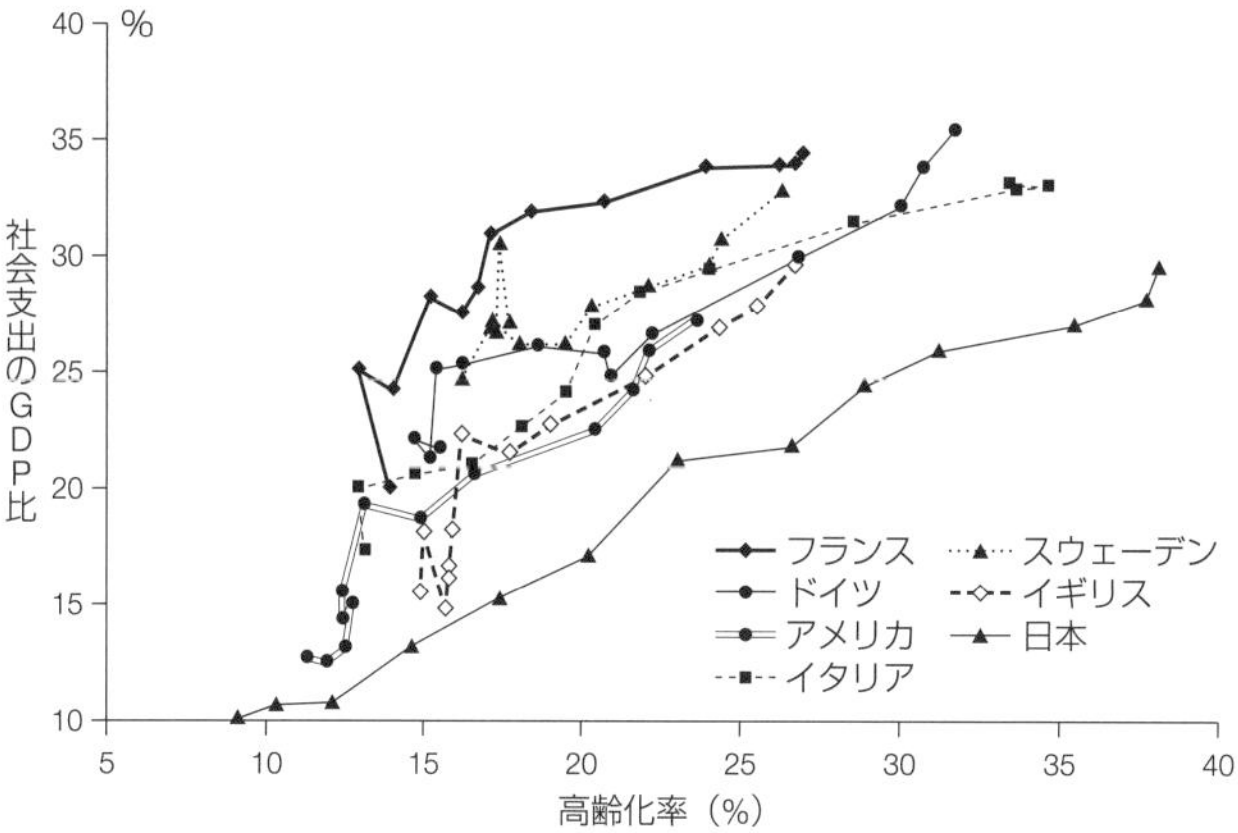

図1　7か国の高齢化率（横軸）と社会支出（公的支出）のGDP比（縦軸）：1980～2060年

出所：府川（2018a）、府川（2018b）

図1は7か国について、横軸に高齢化率、縦軸に社会支出（公的支出）のGDP比をとって、1980年から2015年までは5年ごとに、2020年から2060年までは10年ごとにプロットしたものである（2015年までは実績値、2020年以降は推計値）。

これまで日本以外の主要先進諸国では、高齢化が進展する中で社会支出のGDP比も上昇傾向にあるものの下がった時期もあったという特徴を共有しているが、日本は①社会支出のGDP比は人口高齢化とともに急速に上昇し、②高齢化率の割には社会支出のGDP比は相対的に低い水準にとどまっている、という極めて特異な状況にあった（府川 2018a）。

2020年以降の推計値をみると、次のような点が指摘される（府川 2018b）。

①7か国の中で高齢化率が30％を大きく超える国は日本とイタリアだけであるが、イタリアの高齢化率は2050年に35％に近づいた後、2060年には33％台に下がり2040年の水準に低下している。

②社会支出のGDP比はフランス・スウェーデン・ドイツ・イタリアで30％を超え、ドイツでは2060年に35％を超える見込みである。

③アメリカ・イギリス・日本では2060年でも社会支出のGDP比は30％を超えない見通しである。

さらに、各国の将来の社会支出のGDP比に関して図1から次のような点が読み取れる（府川2018b）。

・フランスは2016年における社会支出のGDP比が7か国の中で最も高いが、2040年以降は34％台にとどまる見込みである。

・スウェーデンでは社会支出のGDP比が今後も10年で1％ポイント（2050年から2060年にかけては2％ポイント）上昇すると見込まれる。

・ドイツは7か国の中で社会支出のGDP比が最も上昇する見込みである。

・イギリスの社会支出のGDP比はドイツよりは緩やかだが、スウェーデンより早く上昇する見込みであり、アメリカは10～15年遅れでイギリスを追いかけている。

・イタリアは２０２０～２０６０年の間に社会支出のＧＤＰ比の上昇がフランスに次いで少ないと見込まれている。

・日本の社会支出のＧＤＰ比の上昇幅は２０２０～２０６０年の間にスウェーデンと同じく５％ポイントと見込まれているが、２０６０年でも30％を超えない見通しである。

3 社会保障制度の原理・原則について国民の合意が必要と考えられる点[1]

社会保障は国民の共通財産と位置づけられる仕組みである。**社会連帯**のもとに大多数の国民が支持する社会保障制度を構築するためには、制度の原理・原則について国民の合意が存在し、透明性が高く正しいインセンティブが付与された制度になっていなければならない。以下に、社会保障制度の原理・原則について国民の合意が必要と考えられる点をいくつか議論する。

（1）年金制度と高齢者就業の調和

主要先進国の中で日本やドイツは人口減少が深刻である。ドイツは移民・難民の受け入れを積極的に行ってきたが、ドイツのＴＦＲ（出生率）は近年１・６に上昇している。一方、日本は労働力不足を補うため外国人労働者の受け入れ拡大を図り、あわせて人口減少を緩和するために子育て支援に力を入れているが、日本のＴＦＲは１・４台にとどまっている。

高齢者に長く働くインセンティブを与えて、少しでも多くの高齢者が支えられる立場になるのを遅らせることは、年金制度の中長期的な持続可能性を高める上で極めて有効である。60歳代の活用の手始めは60歳代の適切な雇用機会の創出である。高齢者の働くインセンティブを阻害しているのが「**在職老齢年金制度**」であり、高齢者が年金受給開始を遅らせるインセンティブを与えているのが**繰り下げ割増率**である。両者ともその負の機能を明らかにして、その是正を図る改正が必要である。

（2）健康習慣への強いインセンティブ付与

日本の医療保険制度において患者は原則医療費の３割を負担することになっているが、患者負担の適正水準に関しては議論の余地がある。給付に関しては、質の担保とムダの排除、予防給付の拡充、患者の力を強めること、などの課題が残っている。高齢者医療に関しては、高齢人口は病気にかかるリスクが高いので、この集団の医療費を国民全体で支えるのは当然の社会連帯である。医療保険料を払っているので医療サービスを受けなければ損だと考える人が多ければ、それは結局税・保険料の上昇という形で国民一人ひとりに跳ね返ってくる。喫煙者がタバコに起因する病気にかかった場合に、その医療費の患者負担を標準より高く設定すればわかりやすいメッセージとなる。医療サービスを濫用したらペナルティがある方が医療システムの効率的な利用に役立つ。患者やその家族が希望すればいかなる医療サービスも提供されるといった環境には日本はもうない。貴重な医療資源を有効に使う責任は医療サービスの提供者側にも患者側にもある。**新しい社会連帯**は損得勘定とは別の次元の行動パターンを必要としている。

(3) 介護予防と介護費負担の調和

今後の人口高齢化によって、高齢者の医療費よりもむしろ介護費の伸びが心配される状況である。介護サービスをどのように提供するのがよいのか(在宅か施設かをはじめさまざまな論点がある)については、高齢者の住まい方と密接な関連がある。在宅での家族介護には**介護離職**という社会全体にかかわる機会費用の問題もある。介護費用が負担(税・介護保険料・利用者負担)の限界に達すれば、給付カタログの見直しをして介護費用の増加抑制を図らなければならない。長期的に介護費用をコントロールするには要介護になる人を減らすことが唯一の前向きな対策であるが、要介護発生率を減らすには予防が極めて重要である。したがって、介護費用の増加抑制に向けて真っ先に目が向きがちな介護予防給付の削減に関しては、エビデンスに基づいた政策決定が必要である。また、介護サービスを利用している高齢者であっても、自分で自立した生活を送りたいと思う意欲や、「社会の中で役割を果たしたい」という気持ちをもち続けられる環境は「介護予防」にとって重要な要素である。

（4）子育てを社会で支える発想の推進

日本では1990年以降今日まで約30年にわたっていわゆる〝**少子化対策**〟を展開してきたが、2018年の出生率（TFR）は1・42と依然として低い水準にとどまっている。出生率と子育て支援のGDP比の間には一定の相関関係があり、出生率の回復には多様な子育て支援策が安定的に存在する必要がある。つまり、30年間少子化対策を展開してきた今日の日本は、まだ子育て支援策が相対的に不十分で、低出生率に甘んじていても文句をいえない状況である。現状のまま多くの女性に就業か子育てかの選択を迫り、低出生率を甘受するのか、あるいは子育て支援をもっと充実させ（例えばGDPの3％）、子育てを社会で支える国を目ざすのか、国民の選択を明確にする必要がある。

（5）社会福祉の拡充

生活保護は申請保護の原則のもとに運営されているので、どんなに生活が苦しい人（世帯）でも申請しなければ生活保護は受けられない。一定以上の資産の保有は認められず、実際の保護費の支給額は生活扶助基準額、住宅扶助額等の合計から収入認定額を差し引いたものである。「申請保護の原則」のため生活保護の捕捉率は低く、「補足性の原理」は生活保護受給者の就労意欲を阻害していると誤解されている。生活保護制度をこれからも**申請主義**で運営することは果たして国民が望んでいることなのであろうか。生活保護受給者が働いても（その分保護費が減額されて）収入があまり増えないので働く意欲が失われる、ということは制度に正しいインセンティブが付与されていないことを示唆している。

児童虐待への対応については、児童虐待防止法が2000年に施行されて以降取組みが強化されてきた。しかしながら、子どもが死亡するなどの重大な児童虐待事件は後を絶たない。児童の虐待死をなくすには、「児童の虐待死は必ず防ぐ」という強い政策目標のもとに関係者の積極的な介入（グレーゾーンなら必ず介入する）が必要であろう。

これらの事例が示すように、今日の日本社会は弱者に対して冷淡である。このような事態を国民が本当に許容しているのか、あるいは弱者に対してもっと手を差し伸べる社会（**包摂の国**）の方がよいと考えているのか、はっきりさせる必要がある。

(6) もっと平等な社会を目ざす

OECD Income Distribution Database（2020）によると、2016／2017年における総人口の可処分所得のジニ係数は主要国ではアメリカ（0・390）、イギリス（0・357）、日本

（0・339）、イタリア（0・334）、スペイン（0・333）、の順に高く、今日では日本は先進諸国の中でも不平等な国としてすっかり定着してしまった（デンマークが0・261で最も平等であった：日本の値は2015年）。このため、生活保護・失業給付・子育て支援などさまざまな個別の所得保障を包括して国民一人ひとりに一定額の現金を給付するベーシックインカムという仕組みも注目されるようになった。日本を再びジニ係数0・300程度の平等な国にもどすことを公約に掲げる政党が出現すれば、賛同する有権者は多いであろう。

今日の日本では非正規就業が就業者の3人に1人まで増加し、その多くはやむを得ず非正規就業についている。非正規就業の増加は**ワーキング・プア**を生みだし、日本の出生率が上がらない要因にもなっている。日本では同じような仕事をしていても、正規と非正規の間で処遇に大きな格差があり、日本の消費が伸びない大きな要因の1つになっている。**同一労働・同一賃金**という本来あるべき姿が実現すれば、正規・非正規の区分も意味のないものになる。

（7）広範な国民に支持される社会保障

社会支出のGDP比は低ければ低いほどよいと国民が本当に思っているわけではないであろう。子育て支援、貧困の連鎖の遮断、格差是正などは将来に対する必要な投資であり、このような政策に対しては国民の合意もすでに一定程度は得られていると考えられる。さらなる国民の理解を得るには、税金や社会保険料が有効に使われ、政策の効果が検証され、政府が国民に対して常に真摯に**説明責任**を果たす必要がある。近年、日本では地域の絆の希薄化や孤独・孤立の広がりが大きな問題になっている。「人とのつながりが健康をもたらし、生活満足度を向上させる」ことがわかり、ソーシャル・キャピタルの重要性が再認識されている。社会的なつながり・連帯感のほころびなどに対しては行政だけでは必ずしも十分に対応できないため、市民による「**公共への奉仕**」も今後ますます重要になる。経済的な面では高齢者も応分の負担を引き受けることが期待されているが、時間資源の豊富な高齢者はソーシャル・キャピタルの面で大いに貢献する余地があると考えられる。

コラム⑭ 新しい社会連帯

日本人は「公共性」に大きな信頼をおいていないし、社会連帯への支持も薄いと思われている。現在の日本で社会連帯があまり根づいていないことは確かである。しかし、「日本人は社会連帯に価値をおかない民族である」と結論づけるのはまだ早い。長らくイエ・ムラ・会社等に縛られてきた日本人の多くは島国根性に慣れ親しみ、本当の自由や多様性を知らないのかもしれない。「公共性」に関しては、宣誓下での証言がどれほど重要で、公共への奉仕がどれほど崇高なことか知る機会が少なかっただけかもしれない。

子育てや老後の安心が得られれば、人々は心おきなく働くことができ、それはこれからの日本経済の原動力となる。非正規を増やし、消費者の購買力を削ぎ、暮らしの安全・安心を奪っているため、経済が縮んでいるのが今日の日本社会であろう。今日本に必要なのは「新たな社会連帯による活力」である。家族給付を大幅に引き上げ、**就業と子育ての両立支援策**を強烈に推進する。正規と非正規の格差を全廃する。これらを実行するにはパラダイムの転換が必要であるが、社会保障を充実させ、病気や老後の心配をせず思い切り働ける社会を実現させることも、日本経済を持続的に成長させ、国際競争力を維持するための1つのアプローチである。

政府の規模が大きいか小さいかは相対的なもので、政府が効率的に機能しているかどうかがより重大な関心事である。若い世代にワーキング・プアが存在することは政策の失敗によるもので、雇用政策が十分機能していないことによる。政策を機能させること、これこそが国民が政府に望んでいることである。

4 EBPMに向けて

高齢者が健康を維持し、社会とのつながりを保ち、できるだけ長く自宅や地域で自立した生活を続けるのか、それとも地域の絆がさらに薄れて、高齢者の多くが介護サービスへの依存を強めるのかによって、社会保障制度に対するニーズは根本的に変わってくる。それに伴って、社会保障制度の守備範囲も社会保障負担も大きく変わる。ここで用いた社会支出のGDP比の将来推計値は現状を前提とした概算であるが、日本の特異性を理解するには十分である。日本はこれまで高齢化率の割には社会支出のGDP比は相対的に低い水準にとどまっていたが、図1によると、この日本の特徴は将来も維持され、2060年における日本の社会支出のGDP比は30%程度と見込まれる。現状を前提にするということは、現在日本が抱えている諸問題（待機児童、格差拡大、非正規雇用の増加、介護離職、貧困の連鎖、社会保障制度の持続可能性への懸念、など）が将来においてもそのまま温存される可能性があり、それでは諸問題の解決を望んでいる国民の期待に応えることにはならない（府川 2018b）。

日本だけ高齢者の定義を65歳以上から70歳以上に変更すると、図1で日本のグラフは他の国々の間に入るようになり、日本の高齢化の特異性が消滅する一方で、日本の社会支出（GDP比）

の低さが浮き彫りになった（府川 2018b）。日本の高齢化は他の先進諸国とかけ離れて深刻であり、高齢者の定義を「65歳以上」にこだわる理由も余裕もない。高齢者の定義を「65歳以上」から「70歳（あるいは75歳）以上」にするということは、高齢者の人数を減らしてその分給付を減らすことが目的ではない。60～69歳を**引退過程**の10年（あるいは、60～74歳を引退過程の15年）ととらえて、引退過程にある人々の活力を引き出し、生涯現役社会に一歩近づけることが目的である（府川 2018b）。

非正規雇用の増加や格差拡大がこれほどまで進展することは、そもそも多くの国民の予期せぬ事態ではないだろうか。日本は今やＯＥＣＤ諸国の中で所得分配が大変不平等な国のグループに属しているが、「このままでよい」あるいは「もっと不平等になってもよい」と考えている人は多くないのではないだろうか。格差是正の観点から①子育て支援、②低所得者支援、③児童貧困対策、④非正規就業の削減、⑤セーフティネットからもれている人への自立支援、などの施策を充実させる必要がある（磯部・府川 2018）。今後のさらなる人口高齢化・人口減少を考慮すると、財政規律を保つことはますます重要になる。したがって、社会保障制度はこのような施策を通して格差を是正し、より活力のある社会を構築することに貢献するものでなければならない。健全な児童の育成やフルタイム労働の意欲を損なうような制度の見直しは将来に対する必要な投資であり、いずれ大きなリターンが期待できる。

人生100年時代には「**公共への奉仕**」や「専門性の尊重」がますます重要になる。公共への奉仕は特に地位の高い人に求められ、nobless oblige（高い身分には道徳上の義務が伴う）とも呼ばれている。ところが、日本には公共に奉仕するという伝統がこれまであまりなかった。人生100年時代を迎え高齢者も貴重な人材とみなされるようになれば、年齢を問わずそれができる人には「公共への奉仕」が求められるようになる。「公共への奉仕」は成熟した市民の義務であり誇りでもあり、日本再生の1つのキイワードである。

注

（1）この節は府川（2019）に依拠している。

第11章の要点

・日本は高齢化が進んでいるにもかかわらず社会支出の規模は実質的に主要先進諸国の中で最も小さい。特に障害・家族・積極的労働政策・福祉の分野で支出規模が小さい。

・このような日本の特徴が将来も維持されると、現在日本が抱えている諸問題が将来にわたってそのまま温存される可能性がある。

・高齢者が健康を維持し、社会とのつながりを保ち、できるだけ長く自宅や地域で自立した生活を続けられる社会を目ざすことが望まれる。

・子育て支援や格差是正などは将来に対する必要な投資であり、高齢者も貴重な人材とみなす社会に向かうことが求められる。

・社会保障の役割は、時代や国民のニーズの変化に応じて変わっていく。社会連帯のもとに大多数の国民が支持する社会保障制度を構築するためには、制度の原理・原則について明確な国民の合意が必要である。

むすび

社会保障は国民一人ひとりの自立と社会連帯の意識に支えられた所得の再分配と相互援助を基本とする仕組みである。豊かであっても他者に依存せざるを得なくなる可能性が誰にでもある。自助の原則の下に、社会連帯の観点から社会の仕組みとして備えを用意したのが社会保障である。

日本の社会保障は高度経済成長期（1955～1973年）を経て普遍的な社会保障制度へと発展していった。1961年には国民皆保険・皆年金の仕組みができあがり、1973年には社会保障の各分野で給付の大幅な拡充が行われ、「福祉元年」ともてはやされた。その後、経済成長が低下しても社会保障の充実は続いた。しかし、人口の高齢化や財政危機という環境の下での社会保障費の増加によって、制度の効率化や見直しが不可避となった。

特に近年では、経済のグローバル化、雇用の流動化と格差拡大、少子高齢化と総人口の減少、技術革新とＡＩの普及、などにより社会保障制度改革の必要性は高まっているが、2011年の

「社会保障・税一体改革」以降現実の制度改正は停滞している。これまで日本の社会保障制度は先進諸国から学ぶところが多かったが、人口高齢化においては日本はすでに先進諸国の中でフロントランナーとなり、給付の効率化や社会連帯の見直しなど、今後の社会保障改革では日本が先例とならざるを得ない。

2013年8月に公表された社会保障制度改革国民会議報告書では、社会保障制度改革の基本的な考え方について次のように述べている（「国民へのメッセージ」と第1部より抽出・構成）。

「現行の社会保障制度の基本的な枠組みが作られた高度経済成長期以降、少子高齢化の進行、生産年齢人口の減少、経済の長期低迷とグローバル化の進行、家族や地域の扶養機能の低下、非正規雇用の労働者の増加による雇用環境の変化など、日本の社会経済情勢については、大きな変化が生じている。

その中で、子育ての不安、高齢期の医療や介護の不安、雇用の不安定化、格差の拡大、社会的なつながり・連帯感のほころびなど、国民のリスクが多様化するとともに拡大している。こうしたリスクやニーズに対応していくためには、社会保障の機能強化を図らなければならない。

…（中略）…子育て支援などの取組は、社会保障制度の持続可能性を高めるためだけではなく、日本の社会全体の発展のためにも不可欠である。全世代型の社会保障が求められる所以であり、納得性の高い社会保障制度のもとで、国民がそれぞれの時点でのニーズに合った給付を受けられるようにしていくことが大切である。

……（中略）……社会保障を国民の共通財産として、守り、育てていくという意識を持つことが大切である。

このためには、政府は、社会保障の現状や動向等についての情報公開等を行うだけにとどまらず、若い時期から、教育現場等において社会保障の意義や役割を学ぶことのできる機会を設けていくことが必要である。」

社会保障は広範な国民に支持され、多くの人の支え合いの仕組みへの積極的な参加が不可欠である。そのためには、自助・共助・公助のバランスが図られ、個人の尊厳の保持に寄与し、格差・貧困の拡大や社会的排除の問題に対処し、世代間のみならず世代内の公平性を高め、国民の信頼に応え得る機能的で中長期的に持続可能な社会保障制度に改革する必要がある。少子高齢化・雇用の流動化・グローバリゼーションやテクノロジーの進展といった環境のなかで持続可能で広範な国民に支持される社会保障制度を構築するためには、制度の透明性を高め、制度の有効性を向上させるとともに、国民の間に社会連帯の意識を涵養することが不可欠である。経済成長にも貢献し、地域の発展にも役立ち、国民各層の積極的な評価を得られるような社会保障制度にしていくことが求められている。

社会保障の持続可能性を高めなければ国の財政の健全化は考えられないほど、社会保障の規模は大きくなっている。今後、高齢化等によって医療や介護はさらに規模が拡大することが見込まれている。また、家族給付や福祉の分野でも機能強化のための給付拡大が必要とされている。このように負担拡大が不可避であるなら、経済成長（効率性）をできるだけ損なわないような負担の仕組みを構築していくことも重要になる。

政府の規模が大きいか小さいかは相対的なものであり、政府が効率的に機能しているかどうかが重大な関心事となる。例えば、若い世代にワーキング・プアが存在することは政策の失敗によるもので、雇用政策が十分機能していないことによる。パートタイムとフルタイムの賃金格差を是正し、労働者に柔軟な就業形態を許容することが、生産性の向上や女性・高齢者の就業増加に結びつけば望ましい。正規雇用と非正規雇用という分断された市場間の「壁」を低くし、両者の市場の行き来を活発化させれば、非正規雇用が使用者側にとって常にコスト的に有利な雇用形態ではなくなり、使用者側はパートかフルタイムかで（時間当たりでみた）賃金や処遇を変えるインセンティブ（誘因）はもたなくなる。このため、待遇も自然とバランスのとれたものになる。

前述のように、社会保障改革においては自己責任と社会連帯のバランスにおいてどのような社会を目ざすのかという問が横たわっている。制度に対する信頼がなければないほど、国民は負担の少ない選択に傾きがちである。社会保障に対する負担（税、社会保険料、利用料）が軽減されても、それによって縮小した生活保障機能は個人で補わなければならない。政策課題に対する的確な問題意識と十分な科学的根拠をもとに、社会保障が果たしている機能や役割について実態を明らかにし、改革案によってそれがどう変わるのかを示すことが、国民に選択を求める上での前提となる。給付の効率化とともに機能強化が必要なところには財源を投入しなければならない。給付をささえる負担は可能な限り公平な仕組みにする必要がある。

社会保障全般に負担はフェアに、給付にはインセンティブ構造を付与することが課題である。日本社会の少子化は社会保障に甚大な影響を与えているが、社会保障の枠内での対応には限度があり、その解決には人々の働き方の見直しといった大きなパラダイム転換が必要である。また、社会保障各制度において高齢化に見合った給付期間等の調整メカニズムが導入できれば、各制度の持続可能性は大幅に向上するであろう。高齢期の就業形態についての新しいモデルは、日本から世界に発信できる可能性の高いテーマである。

最後に本書の主なメッセージを章ごとにまとめると以下のとおりである。

第1章

男女ともほぼ全ての年齢階級で日本人の死亡率が主要国の中で最も低い値となっている。2018年の死亡数が最も多い年齢は男85歳、女91歳であったが、2050年にはこの年齢が男90歳、女95歳に上昇すると見込まれている。「人生100年時代」といわれるようになったが、同じコウホートで100歳まで生存する人の割合は2015年の完全生命表でも男で1・6%、女で6・7%に過ぎない。日本の3大死因は2018年には悪性新生物、心疾患、老衰の順に変わり、認知症による死亡も増えてきた。

第2章

65歳以上の者の子との同居率は1980年の69%から2015年には38%に低下した。子夫婦との同居の減少は高齢者に選択肢が増えた結果と解釈されるが、近年増加している配偶者のいない子と老親との同居は引きこもり等の問題として表れている。日本では一人暮らし高齢者の割合は上昇し続け、今後とも緩やかに上昇するとみられている。65歳以上で施設等に暮らしている人の割合は2015年で6・0%であったが、85歳以上では22・4%であった。高齢者の住まい方は子との同居や施設入所以外に多様な選択肢が考えられ、介護サービスの提供の仕方も視野に入れて、望ましい選択肢を増やす努力が重要になっている。

第3章

65歳以上人口の1人当たり医療費は65歳未満の4倍で、65歳以上の医療費は国民医療費の6割を占めている。日本の医療システムは相対的には効率よく運営され、日本の医療費（対GDP比）は他の先進諸国に比べて高齢化が進んでいる割には高くなっていないが、超高齢層の医療費に関しては効率化の余地はあるとみられる。今後のさらなる人口高齢化に備え、限りある医療資源を有効に使うため、医療システムの課題を解決し、患者の医療サービスへのアクセスを合理化することも必要である。

第4章

人口高齢化が進展しているにもかかわらず、65歳以上の要介護率は2015年度の14・9％をピークにそれ以降低下し、2017・2018年度は14・0％となっている。日本とドイツの公的介護保険制度には大きな相違点もあるが、両国の介護サービス利用者割合は同程度である。先進各国は65歳以上人口の10〜15％程度（80歳以上では40％程度）が要介護状態であり、介護費にGDPの1・5〜3％台を使っている。年齢の上昇とともに要介護率が高まることは避けられないが、国民一人ひとりが自立心をもち、高齢者が要介護にならないような予防システムを構築することが肝要である。

第5章

２０１５年における日本の相対的貧困率は総人口の15・7％に対して高齢者は19・6％と高く、フランスやドイツに比べて年金制度による高齢者の貧困の解消がよく機能していない。生活保護受給者数は２０１５年3月をピークにそれ以降減少し、２０１７年度における保護率は総人口の１・７％、総世帯の３・１％であったが、申請主義のもと生活保護が必要な人に必ずしも届いていないという捕捉率の問題が指摘されている。社会保障はその財源を現役層の税や社会保険料負担に多くを依存しているため、将来の現役層を養育している低所得世帯への支援策を一層強化するためさまざまな工夫（給付付き税額控除はその1つ）をする必要性が極めて高い。公的制度の機能・役割について国民の合意が形成されるよう、エビデンスに基づいた議論が必要である。

第6章

企業の国際競争力の維持・向上と少子化抑制戦略を両立できるような雇用制度の整備が求められる。社会システムの中で女性の結婚・出産・育児に対する機会費用を高くしている仕組みを抜本的に是正し、社会保障制度は特定の家族類型を前提とせず、できるだけ個人の選択を尊重する中立的なものとすることが望まれる。同一労働に対して賃金格差があり過ぎることは倫理に反する。企業はその社会的な制約の中で合理的な行動を取るため、企業が正しいインセンティブに直面することが極めて重要である。

第7章

これまで画一的に65歳以上を高齢者としてきたが、これからの日本では60歳代の活用が大きな課題である。高齢者はサービスの利用者であることが多いが、高齢者を自ら能動的に地域で活動する主体としてとらえる考え方が重要である。孤独死する人がいない社会を目ざす手始めとして、引きこもりの若者・中年を社会にひきもどすという課題があげられる。高齢者が社会に貢献するには、できるだけ多くの高齢者がサービスを受けながらでもよいから自立した生活を続け、要介護度の悪化を遅らせ、認知症を予防することが重要である。

第8章

日本にも健康の社会格差があり、それが拡大していることが問題になっている。2020年に生まれた子が健康で完全に自立（障害なし）した状態で生きられる平均期間（Super 自立寿命）は男72・0年、女76・1年であり、この値は2016年における健康寿命（男72・1年、女74・8年）に近い。日常生活に多少の支障があっても、人や社会サービスの助けを借りて自宅で自立した生活を送れる状態を「自立」ととらえ、生まれてから自立した生活ができなくなるまでの平均期間（自立寿命）をできるだけ長くすることが重要である。２０２０年から２０７０年の50年間に男女計で平均寿命は４・１年、自立寿命は２・１年、Super 自立寿命は１・０年伸びることが見込まれる。

第9章

日本の２０１８年の保健費（医療費＋介護費の一部）のＧＤＰ比は10・９％で、イギリス（９・８％）やオランダ（９・９％）より高いが、スウェーデン（11・０％）やフランス・ドイツ（11・２％）より低い。医療費は技術進歩や物価上昇などによって今後も増加が見込まれるが、仮に人口要因だけを考慮して２０２０～２０７０年の医療費（２０１５年価格）を推計すると、65歳以上の医療費は２０５０年以降には減少に転じ、２０７０年は２０２０年より低下する。同様に２０２０～２０７０年の介護費（２０１５年価格）を推計すると、65歳以上の介護費は２０７０年まで増加を続ける。その結果、将来の医療費＋介護費は２０６０年までその規模が拡大する見込みである。医療や介護では予防が重要であるが、予防に関するプログラムを評価する際にはプログラムがもたらす便益（医療費や介護費の減少額）だけではなく、プログラムがもたらす効果（健康寿命の伸び、活動水準の上昇、ＱＯＬの向上、など）に注目しなければならない。不必要なサービス利用は避けようとする意識（連帯意識）の醸成も制度の持続可能性を高める上で重要である。

第10章

ドイツ、オランダ、スウェーデンなどでは65歳以上の７～９％が認知症であり、彼らが介護サービス受給者の６割程度を構成している。認知症有病率を年齢階級別にみると、85－89歳の有病率はおよそ20％で、90歳以上になると急上昇するというパターンおよび水準が多くの国で共通している。独自の方法で認知症有病率を推計したところ、65歳以上では２０２０年の９・３％から２０７０年には17・１％に、85歳以上では２０２０年の28・１％から２０７０年には37・９％に上昇するという結果になった（中位シナリオ）。喫煙・運動不足・肥満・高血圧・糖尿病などのリスク要因を減らし、健康なライフスタイルで生活すれば認知症になるリスクを減らせることをサポートするエビデンスが各国で集まっている。

第11章

日本は高齢化が進んでいるにもかかわらず社会支出の規模は実質的に主要先進諸国の中で最も小さい。特に障害・家族・積極的労働政策・福祉の分野で支出規模が小さい。このような日本の特徴が将来も維持されると、現在日本が抱えている諸問題が将来にわたってそのまま温存される可能性がある。子育て支援や格差是正などは将来に対する必要な投資であり、高齢者も貴重な人材とみなす社会に向かうことが求められる。社会連帯のもとに大多数の国民が支持する社会保障制度を構築するためには、制度の原理・原則について明確な国民の合意が必要である。

OECD (2020) OECD Income Distribution Database. Feb. 2020
OECD (2020) Social Expenditure Database.

Alzheimer's Disease International (2013) Alzheimer's Disease Facts and Figures.
Alzheimer's Disease International (2014) Dementia statistics.
Alzheimer's Disease International (2019) World Alzheimer Report 2019.
Alzheimer's Society (2014) Dementia UK update.
Department of Health (2009) Equality Impact Assessment, Living well with dementia, National Dementia Strategy.
Department of Health (2015) Prime Minister's Challenge on Dementia 2020.
Fukawa T (2017). Dependency of the Elderly and Expectation of Independent Living at Birth in Japan. *Health and Primary Care*, Vol. 1(2), pp. 1-6.
Fukawa T (2018) Prevalence of Dementia among the Elderly Population in Japan. *Health and Primary Care*, Vol. 2(4), pp. 1-6.
Lancet (2017) Dementia Prevention, Intervention and Care. *Lancet Commission*, July 2017.
Langa KM, Larson EB, Crimmins EM, Faul JD, Levine DA, Kabeto MU, and Weir DR (2016) A Comparison of the Prevalence of Dementia in the United States in 2000 and 2012. *JAMA Internal Medicine*.
Nguyen V (2017) Long-Term Support and Services, Fact Sheet, AARP Public Policy Institute.
OECD (2012) Health at a Glance Europe 2012.
OECD (2019) OECD Health Statistics 2019.
Orgeta V, Mukadam N, Sommerland A, and Livingston G (2018) The Lancet Commission on Dementia Prevention, Intervention, and Care: a Call for Action. *Irish Journal of Psychological Medicine*, doi:10.1017/ipm.2018.4.
Prince M, Bryce R, Albanese E, Wimo A, Ribeiro W, and Ferri CP (2013) The Gobal Prevalence of Dementia: A Systematic Review and Metaanalysis. *Alzheimer's & Dementia*, 9(1), pp. 63-75 e2.
WHO (2015) The Epidemiology and Impact of Dementia: Current State and Future Trends.

第 11 章

磯部文雄・府川哲夫（2018）社会保障費は抑制すべきではない—主要国との比較から．週刊社会保障 No. 2973.
国立社会保障・人口問題研究所（2017）日本の将来推計人口（2017 年 4 月推計）.
府川哲夫（2017）福祉計画のまとめ．磯部文雄・府川哲夫編著（2017）概説 福祉行財政と福祉計画 改訂版，ミネルヴァ書房，217-227 頁.
府川哲夫（2018a）社会支出と政府の社会保障費．IFW DP シリーズ，2018-2.
府川哲夫（2018b）高齢化と社会支出．IFW DP シリーズ，2018-3.
府川哲夫（2019）今求められる社会保障改革．IFW VP シリーズ，2019-3.

府川哲夫（2018）INAHSIM 2018．IFW DP シリーズ，2018-4．
Fukawa T（2017）Dependency of the Elderly and Expectation of Independent Living at Birth in Japan. *Health and Primary Care*, Vol. 1(2), pp. 1-6.
Fukawa T（2018）Projection of Living Arrangements of the Elderly in Japan Using INAHSIM. *Studies in Asian Social Science*, Vol. 5(2), No. 2, pp.34-43.
Fukawa T（2019）*Projection of Living Arrangements of Japanese Elderly Using INAHSIM*. Scholars' Press.
Neves BB, Sanders A and Kokanovic R（2019）"It's the worst bloody feeling in the world":Experiences of Loneliness and Social Isolation among Older People Living in Care Homes. *Journal of Aging Studies*, Vol. 49, June 2019, pp.74-84.
Pomeroy C（2019）Loneliness Is Harmful to Our Nation's Health. *Scientific American*, March 20, 2019.
Sutin AR et al.（2018）Loneliness and Risk of Dementia. *The Journals of Gerontology: Series B*, gby112. https://doi.org/10.1093/geronb/gby112

第 8 章

厚生労働科学研究費補助金「健康寿命における将来予測と生活習慣病対策の費用対効果に関する研究」．

国立社会保障・人口問題研究所（2017）日本の将来推計人口（2017 年推計）．

府川哲夫（2013）人口問題と医療政策．今中雄一，大日康史編著（2013）医療制度・医療政策・医療経済（シリーズ生命倫理学・第 17 巻），丸善出版，242-255 頁．

Fukawa T（2019）*Projection of Living Arrangements of Japanese Elderly Using INAHSIM*. Scholars' Press.

WHO（2019）World Health Statistics 2019.

第 9 章

府川哲夫（2010）INAHSIM による世帯推計及び医療・介護費推計．国立社会保障・人口問題研究所編（2010）社会保障の計量モデル分析，東京大学出版会，303-320 頁．
Fukawa T（2017）Elderly Population Projection and Their Health Expenditure Prospects in Japan. *Modern Economy*, 8, pp.1258-1271.
OECD（1999）A Caring World: The New Social Policy Agenda.
OECD（2019）OECD Health Statistics 2019.
OECD（2019）OECD Health at a Glance 2019.

第 10 章

Alzheimer Europe（2013）Dementia in Europe Yearbook 2013.

厚生労働省（2019）海外情勢報告 2018 年版 - ドイツ.
府川哲夫（2018）高齢者要介護率の日独比較．IFW DP シリーズ，2018-1.
OECD（2019）OECD Health Statistics 2019.
OECD（2019）OECD Health at a Glance 2019.

第 5 章

小塩隆士（2014）低所得者支援．小塩隆士，田近栄治，府川哲夫（2014）日本の社会保障政策―課題と改革，東京大学出版会，141-160 頁.
Peter L（2018）No Plans to Expand Finland Basic Income Trial. *BBC News*, 23 April 2018. https://www.bbc.com/news/world-europe-43866700

第 6 章

浅子和美，井口泰，金子能宏，府川哲夫（2002）少子社会の制度設計．浅子和美，井口泰，金子能宏，府川哲夫（2002）少子社会の子育て支援，東京大学出版会，1-17 頁.
井口泰，西村智（2002）国際比較からみた雇用システムと少子化問題．浅子和美，井口泰，金子能宏，府川哲夫（2002）少子社会の子育て支援，東京大学出版会，137-160 頁.
白波瀬佐和子（2002）ヨーロッパにおける家族政策．浅子和美，井口泰，金子能宏，府川哲夫（2002）少子社会の子育て支援，東京大学出版会，47-72 頁.
府川哲夫（2006）企業による福祉と社会保障 III．社会保障と私的保障（企業・個人）の役割分担に関する実証研究 平成 17 年度報告書.
Encyclopedia of Bioethics 3rd Edition（*EB3*）.
Economic Report of the President（2004）
OECD（2005）Extending Opportunities - How Active Social Policy Can Benefit Us All.
UNFPA（2004）世界人口白書 2004.
UNFPA（2005）世界人口白書 2005.

第 7 章

稲垣誠一（2007）日本の将来社会・人口構造分析―マイクロ・シミュレーションモデル（INAHSIM）による推計，財団法人日本統計協会.
国立社会保障・人口問題研究所（2017）日本の将来推計人口（2017 年推計）.
府川哲夫（2010）INAHSIM による世帯推計及び医療・介護費推計．国立社会保障・人口問題研究所編（2010）社会保障の計量モデル分析，東京大学出版会，303-320 頁.
府川哲夫（2017a）平均寿命と自立寿命．生存科学, Vol. 28-1，pp.25-30.
府川哲夫（2017b）高齢者の子との同居率．IFW DP シリーズ，2017-3.

参考文献

第1章

国立社会保障・人口問題研究所（2017）日本の将来推計人口（2017年4月推計）.

OECD（2019）OECD Health Statistics 2019.

第2章

稲垣誠一（2013）高齢者の同居家族の変容と貧困率の将来見通し．季刊社会保障研究 Vol. 48，No. 4，pp.396-409.

社人研（2017）日本の将来推計人口（平成29年推計）2017年4月.

社人研（2018）日本の世帯数の将来推計 2018年推計.

Stepler R（2016）*Smaller Share of Women Ages 65 and Over Are Living Alone.* Pew Research Center.

第3章

厚労省（2019）平成29年度国民医療費.

スミス，ピーター（2005）ヨーロッパの医療システム改革と日本への示唆．季刊社会保障研究，40(4)，pp.324-336.

府川哲夫（1998）老人死亡者の医療費．郡司篤晃編著（1998）老人医療費の研究，丸善プラネット，76-87頁.

府川哲夫（2003）高齢者にかかる医療・介護のトータルコスト．府川哲夫（2003）選択の時代の社会保障，東京大学出版会，281-296頁.

府川哲夫（2005）医療システム改革─西ヨーロッパ諸国の潮流．国立社会保障・人口問題研究所編（2005）社会保障制度改革─日本と諸外国の選択，東大出版会，39-63頁.

府川哲夫（2010）医療・介護サービスの展望．宮島洋・西村周三・京極高宣編著（2010）社会サービスと地域（講座 社会保障と経済・第3巻），東京大学出版会，25-44頁.

府川哲夫（2014）第2章 オランダの医療・介護費．福祉未来研究所編（2014）医療・介護連携において共有すべき情報に関する研究（2013年度報告書），14-21頁.

Busse R, Schreyögg J, and Gericke C（2005）*Health Financing Challenges in High Income Countries.* World Bank Discussion Paper.

OECD（2019）OECD Health Statistics 2019.

第4章

医療経済研究機構（2019）ドイツ医療関連データ集 2018年版.

キーワード索引

初出一覧（いずれもデータを更新できるものは更新した）

第1章 社会保障をとりまく環境変化—人生100年時代の社会保障．生存科学 Vol. 29-2，2019

第2章 高齢者の子との同居率．IFW DP シリーズ，2017-3

第3章 先進地域の生存状態と医療システム．生存科学 Vol. 14 B，2004

第4章 要介護率の動向と日独比較．生存科学 Vol. 30-2，2020

第5章 社会保障概論 V 低所得者支援．日本病院会 病院経営管理士通信教育，2018

第6章 社会保障と倫理．生存科学 Vol. 17 A，2006

第7章 高齢社会のゆくえ—2050年の高齢者像．生存科学 Vol. 28-2，2018

第8章 平均寿命と自立寿命．生存科学 Vol. 28-1，2017

第9章 Elderly Population Projection and Their Health Expenditure Prospects in Japan. *Modern Economy*, 2017, 8, pp. 1258-1271

第10章 認知症高齢者数と要介護者数．生存科学 Vol. 25, 2014 & Prevalence of dementia among the elderly population in Japan. *Health and Primary Care*, Vol. 2(4), pp. 1-6

第11章 社会保障をとりまく環境変化—人生100年時代の社会保障．生存科学 Vol. 29-2，2019

上記以外は書き下ろし

「生存科学叢書」刊行にあたって

公益財団法人 生存科学研究所は故武見太郎の理念である「生存の理法」をモットーとして、人類の生存の形態ならびに機能に関する総合的実践的研究によって人類の健康と福祉に寄与すべく設立されました。そこでは、生命科学、医学・医療、看護学など医科学、哲学、倫理学、宗教学、史学、文学、芸術など人文学、法学、社会学、経済学など社会科学、生態学、環境科学など自然科学、それら諸科学の学際的な討論によって人間科学を新たに構築し、総合的な生存モデルの確立を図ることを目的としています。

生存科学研究所はその先端的かつ基本的研究活動と成果を広く他学問領域と共有し、また一般社会にもその理念と活動を啓発すべく、学術機関誌「生存科学」を刊行してきました。多年にわたる研究成果と啓発活動により、日本学術会議協力学術研究団体に指定され、「生存科学」誌は時代と社会の課題を発掘、先導する学術誌として高い評価を得ています。本「生存科学叢書」は「生存科学」誌を中心に展開されてきた研究所の知的かつ実践的成果を広く社会に問いかけようとするものです。

人間、人類にとって望ましい生存様態をいかに構想し、実現していくか、人類の生存の場と質が根本から問い直されている現代にあって、生存科学は基礎人間科学として、時代の状況を切り拓く先端総合学として、ますますその理念の発揚が求められています。「生存科学」誌で研鑽され、蓄積された先鋭的問題意識と成果をベースに、本叢書は、さらに公益に資するべく視野を広げたテーマ、論考を地道にかつ実践的に問いかけていきます。今後引きつづき展開される総合人間学シリーズにご理解をいただくとともに、ご支援をお願いいたします。

2018年4月

公益財団法人 生存科学研究所
〒104-0061　東京都中央区銀座4-5-1 聖書館ビル
http://seizon.umin.jp/index.html

著者紹介

府川哲夫（ふかわ　てつお）

1950年生まれ。1974年東京大学理系大学院修士課程修了、厚生省入省。1990年国立公衆衛生院に移籍。1996年国立社会保障・人口問題研究所部長。1998年保健学博士（東京大学）。2010年NPO法人福祉未来研究所共同代表、現在に至る。2013～2019年度　武蔵野大学教授、2011～2020年度　一橋大学大学院客員教授。主な著書に『日本の所得分配』（共編著、東京大学出版会）、『社会保障改革—日本とドイツの挑戦』（共編著、ミネルヴァ書房）、『社会保障の計量モデル分析』（共著）、『日本の社会保障政策』（共著、以上、東京大学出版会）、*Projection of Living Arrangements of Japanese Elderly Using INAHSIM*（Scholars' Press）などがある。

生存科学叢書

日本《にほん》の高齢《こうれい》化《か》問題《もんだい》の実相《じっそう》　エビデンスに基《もと》づく思考《しこう》で未来《みらい》を変《か》える

2020年7月5日　第1版第1刷発行

著　者——府川哲夫

発行所——株式会社日本評論社

〒170-8474　東京都豊島区南大塚3-12-4

電話 03-3987-8621（販売）-8601（編集）

https://www.nippyo.co.jp/

振替 00100-3-16

印刷所——平文社

製本所——難波製本

装　幀——銀山宏子

ISBN978-4-535-58751-9　Printed in Japan